SERVIÇO SOCIAL E EDUCAÇÃO INFANTIL
do mal necessário ao direito

EDITORA AFILIADA

Coordenadora do Conselho Editorial de Serviço Social
Maria Liduína de Oliveira e Silva

Conselho de Livros
Ademir Alves da Silva
Elaine Rossetti Behring
Maria Lucia Silva Barroco
Ivete Simionatto

Dados Internacionais de Catalogação na Publicação (CIP)
(Câmara Brasileira do Livro, SP, Brasil)

Nunes, Deise Gonçalves
 Serviço social e educação infantil : do mal necessário ao direito / Deise Gonçalves Nunes. -- 1. ed. -- São Paulo : Cortez Editora, 2023.

Bibliografia.
ISBN 978-65-5555-375-8

1. Assistência Social e Higienismo 2. Direitos da Criança 3. Educação infantil - Aspectos sociais 4. Movimentos sociais 5. Serviço social 6. Serviço social - História I. Título.

23-149861   CDD-361.3

Índices para catálogo sistemático:
1. Serviço social   361.3

Eliane de Freitas Leite - Bibliotecária - CRB 8/8415

Deise Gonçalves Nunes

SERVIÇO SOCIAL E EDUCAÇÃO INFANTIL
do mal necessário ao direito

São Paulo – SP
2023

SERVIÇO SOCIAL E EDUCAÇÃO INFANTIL: DO MAL NECESSÁRIO AO DIREITO
Deise Gonçalves Nunes

Direção Editorial: Miriam Cortez
Coordenação editorial: Danilo A. Q. Morales
Assessoria editorial: Maria Liduína de Oliveira e Silva
Assistente editorial: Gabriela Orlando Zeppone
Preparação de originais: Ana Paula Luccisano
Revisão: Márcia Nunes
            Jaci Dantas
Diagramação: Linea Editora
Capa: de Sign Arte Visual

Nenhuma parte desta obra pode ser reproduzida ou duplicada sem autorização expressa da autora e do editor.

© 2023 by autora

Direitos para esta edição
CORTEZ EDITORA
R. Monte Alegre, 1074 – Perdizes
05014-001 – São Paulo-SP
Tel.: +55 11 3864 0111
cortez@cortezeditora.com.br
www.cortezeditora.com.br

Impresso no Brasil – julho de 2023

*Diogo e Ivan: a vocês, por tudo o que aprendemos
e construímos em nossos jogos e brincadeiras, e que
nos enlaçou amorosamente à vida...*

*A Guilherme, amado companheiro e cúmplice
na alegria de viver e envelhecer...*

*A Julia e Laura, que abriram um importante portal
na minha vida! Agora sou vovó "Deisinha"...*

Sumário

Prefácio 9
Introdução 13

Capítulo 1 — As primeiras incursões do Serviço Social na área da infância: entre "abandonados", "delinquentes" e "degenerados"... 15
   1.1. Antecedentes 15
   1.2. Nascem os "menores"... 23
   1.3. As ações assistenciais na área materno-infantil e a inserção dos pioneiros do Serviço Social........................ 29

Capítulo 2 — Serviço Social e educação infantil no século XX: da higienização da pobreza à luta pelo direito 49
   2.1 Interfaces do Serviço Social na perspectiva da educação compensatória: a modernização do higienismo e o trabalho compulsório como critérios de elegibilidade 49
   2.2. Os anos 1990: a transição da assistência para a educação nos sistemas municipais de ensino.................. 66
      2.2.1. Integração ou apartação? A educação infantil nos sistemas municipais de educação 69

Capítulo 3 — O momento de ruptura: as novas configurações da Política da Educação Infantil e alguns desafios para o trabalho dos assistentes sociais 73

3.1. O impacto dos movimentos sociais na reconfiguração da Política Pública de Educação Infantil: o Movimento Interfóruns de Educação Infantil do Brasil (Mieib) 73

3.2. A expansão do Mieib: abertura de novos fóruns, encontros nacionais e principais conquistas 76

3.3. A educação infantil no Plano Nacional de Educação.... 79

3.4. O Referencial Curricular Nacional para a Educação Infantil (RCNEI) 82

3.5. As Diretrizes Curriculares Nacionais para a Educação Infantil 84

3.6. A educação infantil no Fundeb 87

Capítulo 4 — Relato de experiência 97

4.1. Breve histórico da Creche UFF 97

4.1.1. O desenvolvimento do projeto Creche UFF 99

4.2. O Departamento de Serviço Social da UFF (SSN) na Creche UFF: relação ensino, pesquisa e extensão 101

4.3. Proposta de intervenção do Serviço Social na Creche UFF 107

4.4. As dimensões do projeto de trabalho do Serviço Social 119

Capítulo 5 — Serviço Social e educação infantil: reflexões finais 125

Referências 131

Prefácio

Apresentar a obra de uma amiga querida é tarefa desafiadora. Tenho o privilégio de acompanhar a carreira da professora doutora Deise Gonçalves Nunes desde que retornei do meu doutoramento à Universidade Federal Fluminense (UFF), em 1987. Buscava, à época, em outros departamentos, parceiras comprometidas com movimentos sociais, direitos da criança, formação de professores e educação infantil. Deise iniciava sua vida acadêmica no Departamento de Serviço Social da UFF, com claro compromisso ético-político na luta pelo direito de crianças e famílias pobres a uma vida social digna. Vivíamos ainda sob o rebote das mazelas de uma ditadura militar, convivendo com desigualdades sociais, injustiças experimentadas por bebês e crianças pequenas já nos primeiros anos de vida, sem direito à educação de qualidade, pública, gratuita e laica. Ao mesmo tempo, tínhamos o compromisso e o desejo de contribuir para a construção de uma Nova Carta Constitucional, redigida por muitas mãos, inclusive no ambiente acadêmico da UFF, o que nos enchia de esperança e alegria. Deise passou a integrar o emergente Núcleo Multidisciplinar de Pesquisa, Extensão e Estudo da Criança de 0 a 6 anos (Numpec), que já contava com uma equipe de docentes de outros departamentos: Educação, Enfermagem, Medicina e Psicologia.

No Numpec, Deise nos apresentou o que chamava de um Serviço Social crítico e, assim, engajamo-nos na luta por uma melhor formação continuada, comprometida com a transformação social de vidas e de trabalho das profissionais da educação dos municípios fluminenses. Ao longo dos anos, Deise articulou o Serviço Social com a Educação Infantil e, juntas, desenvolvemos inúmeros projetos de formação em serviço, seminários, grupos de estudos. O Numpec tornava a educação infantil um campo fértil de debate dentro da universidade e com Secretarias de Educação e Assistência de Niterói, Rio de Janeiro, São Gonçalo e outros municípios.

O encontro com parceiras militantes nos permitiu, em 1997, inaugurar a Creche UFF, orgulho de todas nós. Nesse percurso, pudemos experimentar o valor de uma universidade pública engajada na socialização do conhecimento e voltada a projetos extensionistas, integralmente gratuitos. Vivíamos uma universidade viva, que dialogava com a sociedade a partir da pesquisa e da extensão.

Em 2000, tive o privilégio de fazer parte da banca de avaliação da tese de doutoramento de Deise, intitulada *Da roda à creche: proteção e reconhecimento social da infância de 0 a 6 anos*, defendida sob orientação da professora doutora Marília Amorim e do professor doutor Pedro Benjamim Garcia, da Universidade Federal do Rio de Janeiro (UFRJ).

O livro *Serviço Social e educação infantil: do mal necessário ao direto* tem por tema principal as relações históricas e contraditórias presentes nos estudos da educação e da assistência à infância. O texto para um leitor ingênuo gera perturbações. Destaca que, ao longo da história, a educação infantil estava subordinada ao campo da assistência, o que levou à concepção de creche como um mal necessário e de crianças e famílias como transmissoras de vícios, taras, deformações morais e intelectuais. Durante as duas primeiras décadas do século XXI, houve um significativo avanço na busca da superação do debate de décadas anteriores no campo das políticas de Educação e Assistenciais. Porém, a conquista da democracia e da justiça social está na luta permanente pela ampliação do financiamento público para a educação em geral e a infantil em particular, permitindo o acesso universal de qualidade.

O livro, singular e único, mais do que trazer conhecimento seguro, torna-se material de reflexão sobre o lugar da assistência à infância. Por um lado, **dá visibilidade à criança como um ser que necessita de proteção e formação**. Por outro, expõe o exercício de mecanismos cruéis de controle social sobre os corpos das crianças, cuja expressão maior se apresenta na negligência do poder público e se materializa nos reincidentes casos de violação de direitos delas.

A obra registra a qualidade de estudos, pesquisas e trabalhos de assessoria e extensão desenvolvidos pela autora ao longo dos anos e de sua participação em todos os movimentos de consolidação da educação infantil como política pública. Registra um profundo debate acadêmico marcado por um pensamento que multiplica atores e que convida a todos a refletir, coletivamente, sobre outra forma de significar o Serviço Social e o impacto dos movimentos sociais na reconstrução das políticas públicas nacionais.

Há no livro relatos de experiências quanto à intervenção profissional do Serviço Social nas atividades de inserção de crianças e famílias na Creche UFF, e sobre o detalhamento do longo processo de luta organizado por movimentos sociais, que tiveram no Movimento Interfóruns de Educação Infantil do Brasil (Mieib) seu principal canal de representação.

A autora, no trabalho de pensar e rever seu percurso acadêmico, registra com ética toda capacidade reflexiva de abarcar aspectos investigativos considerados em pesquisas que envolvam crianças. Acompanha os avanços da política de assistência, ao longo da história, e todo o debate sobre a necessidade de fortalecimento dos espaços públicos de conselhos e fóruns. Em 2001, visando à democratização das políticas e do exercício do controle social, organizou e coordenou o Núcleo de Estudos sobre Poder Local, Políticas Públicas e Cidadania, com outros docentes e discentes que já vinham isoladamente desenvolvendo pesquisas sobre o tema. E, em 2006, cria o Núcleo de Pesquisa e Extensão sobre Espaços Públicos, Políticas Públicas e Serviço Social (Nuppess), grupo de pesquisa do Conselho Nacional de Desenvolvimento Científico e Tecnológico (CNPq), com ênfase na formação e na capacitação de conselheiros.

O livro é dedicado a alunos de graduação e pós-graduação do Serviço Social, mas será desfrutado por estudantes e profissionais de diferentes áreas de humanas e sociais. Para apreciá-lo, é preciso ter compromisso e curiosidade com a história do lugar das crianças, das mulheres e das famílias na sociedade brasileira.

Deise registra nesta obra o que foi sempre sua escolha acadêmica banhada em uma política de defesa intransigente dos direitos humanos, em especial, dos direitos das crianças e de uma universidade pública gratuita, laica e comprometida socialmente com a classe trabalhadora. Seu projeto de trabalho sempre procurou aliar a militância e a luta política com o trabalho acadêmico, por entender serem partes de um mesmo projeto de sociedade e de concepção e prática universitária.

Vera Maria Ramos de Vasconcelos
Coordenadora do Núcleo de Estudos da Infância:
Pesquisa e Extensão
ProPed/UERJ

Introdução

Serviço Social e educação infantil: do mal necessário ao direito apresenta o percurso dos assistentes sociais na constituição histórica da educação infantil como política pública vinculada à educação. Dois marcos delimitam esse percurso: o Código de Menores de 1927 e o Estatuto da Criança e do Adolescente de 1990, ou seja, desde a concepção de criança como herdeira de taras, vícios e males derivados de sua condição de classe até o reconhecimento da criança como sujeito de direitos.

Nessa reconstrução histórica, destacamos a imbricação das práticas higienistas e sanitaristas com concepções moralistas e disciplinadoras sobre a criança e sua família, destacando o papel dos pioneiros do Serviço Social tanto na construção dos discursos que potencializavam essa vinculação quanto no exercício prático desses controles. Os consensos iniciais sobre essa confluência impulsionaram uma expansão precarizada das creches, aumentando o grau de desigualdade social tanto no acesso como na permanência das crianças pequenas nos espaços de educação infantil. Os primeiros deslocamentos críticos dos profissionais ocorreram em razão não só das lutas sociais que atravessaram o processo de redemocratização da sociedade brasileira, mas também no acervo crítico, que potencializou a transformação do projeto ético-político.

O processo de ruptura da educação infantil com a dimensão assistencialista, higienista e compensatória convergiu com o protagonismo do Serviço Social na aliança com movimentos sociais, estudos e pesquisas, que reverberavam na construção de um novo patamar para a educação infantil como primeira etapa da educação básica e um direito das crianças. Novas diretrizes e políticas surgiram em diferentes níveis da administração pública, mas incidiram principalmente no processo de municipalização da educação infantil, com desafios ao assistente social relativos à construção de projetos de trabalho alinhados a esses avanços e conquistas.

Este livro, que cobre um largo campo das dimensões do trabalho do assistente social na educação infantil, pretende contribuir para ampliar o debate sobre a inserção do assistente social na política de educação, reconhecida pela Lei n. 13.935, de 11 de dezembro de 2019. O debate está aberto a todos os que se engajam na defesa intransigente dos direitos das crianças à infância digna e à educação infantil pública, gratuita e de qualidade.

As primeiras incursões do Serviço Social na área da infância

Entre "abandonados", "delinquentes" e "degenerados"

1.1. Antecedentes

§ 1º — Os ditos filhos menores ficarão em poder o sob a autoridade dos senhores de suas mãis, os quaes terão obrigação de crial-os e tratal-os até a idade de oito annos completos. Chegando o filho da escrava a esta idade, o senhor da mãi terá opção, ou de receber do Estado a indemnização de 600$000, ou de utilisar-se dos serviços do menor até a idade de 21 annos completos. No primeiro caso, o Governo receberá o menor, e lhe dará destino, em conformidade da presente lei. A indemnização pecuniaria acima fixada será paga em titulos de renda com o juro annual de 6%, os quaes se considerarão extinctos no fim de 30 annos. A declaração do senhor deverá ser feita dentro de 30 dias, a contar daquelle em que o menor chegar *á* idade de oito annos e, se a não fizer então, ficará entendido que opta pelo arbitrio de utilizar-se dos serviços do mesmo menor (BRASIL, 1871).

No Brasil, o abandono, a violência e o desamparo de crianças são fenômenos que se constituem historicamente, e estão referidos ao processo de (re)produção de um modo de vida e de trabalho que é socialmente determinado. Durante a predominância da escravidão, as crianças foram submetidas às mais duras condições de vida, apartadas de suas mães, de seus vínculos afetivos, de brincadeiras, jogos infantis. Existem poucos estudos históricos sobre as condições de vida dessas crianças, e alguns foram produzidos a partir de leituras feitas pelos estrangeiros que visitavam o Brasil e deixavam suas impressões nos relatos de viagem. Mott (1979), analisando a literatura produzida por alguns viajantes que estiveram no país entre 1800 e 1850, relata que muitas crianças eram trazidas da África para serem escravizadas, em consequência tanto da baixa reprodução dos escravos no Brasil — os homens eram numericamente muito superiores às mulheres — quanto da alta mortalidade dos filhos dos escravos que aqui nasciam, derivada do baixo valor da vida humana no mercado de escravos. A facilidade em comprar crianças escravas vindas diretamente da África determinava os maus-tratos e o abandono de bebês e recém-nascidos daqui. Alguns trechos extraídos de literatura de viagem destacam as cruéis condições de vida das crianças:

> Alguns molequinhos de três a quatro anos voltavam com a sua ração de feijão que os frágeis estômagos mal podiam digerir: por isso quase todos tinham grandes barrigas, cabeças enormes, pernas e braços delgados, todos indícios de raquitismo. Causava dó vê-los e eu nunca pude compreender por que, mesmo por especulação, os negociantes de carne humana não tratavam mais cuidadosamente suas mercadorias (Adele Toussaint-Sanson, 1851 *apud* LIMA; VENÂNCIO, 1991, p. 32).

Em geral, as crianças pequenas viviam junto às suas mães ou às famílias dos senhores até a idade de cinco ou seis anos. A desigualdade entre as pretas e as brancas logo era demarcada e naturalizada; as crianças negras eram tratadas como brinquedos das crianças brancas, os "moleques", os "sacos de pancadas" ou, simplesmente, como animais de estimação das sinhás:

> Aonde quer que as senhoras da casa se dirigiam, esses animaizinhos de estimação são colocados nas carruagens... Eles são filhos e filhas da ama de leite da dona da casa... (KIDDER; FLETCHER, 1853 apud LIMA; VENÂNCIO, 1991, p. 33).

Essa desigualdade ia se configurando no cotidiano, dentro da estrutura do espaço privado das casas dos senhores, e se constituía como padrão de sociabilidade inconteste. Materializava-se no trabalho doméstico e produzia relações de poder que reverberavam no espaço público entre senhores e escravos/escravas, homens e mulheres, brancos e negros. As crianças escravas eram usadas nos afazeres domésticos ou em pequenos serviços até atingirem a idade de 12 anos, quando já eram consideradas adultas e possuíam valor mercantil, sobretudo após a proibição do tráfico negreiro (1850). Entravam precocemente no trabalho pesado, tanto na lavoura quanto no engenho. As adolescentes podiam se tornar objeto sexual de senhores, feitores ou sinhozinhos.

A violência interpessoal não se constituía como tal, num contexto em que a violência estrutural não tinha nenhum sentido social e político. Mott (1979), em seu estudo sobre pedofilia e pederastia no Brasil antigo, quase não encontrou registros dos casos de cometimento de violência contra escravos. Um dos que analisou foi o de um padre pedófilo que confessou seus "desvios" contra meninas escravas de cerca de seis ou sete anos e sustentou o seu remorso não pela violência cometida, mas por ela ter sido praticada pelo "abominável pecado de sodomia". O seu medo era de sofrer penalidade por ter cometido tal pecado, e não pela corrupção e violência praticadas contra as meninas. Ou seja, como não havia nenhum reconhecimento da humanidade dessas crianças, não havia sequer a suposição do mal praticado contra elas.

Ou, ainda, nos relatos de viagem em que se descrevem os horrores das práticas de tortura contra as crianças escravas; os grilhões — máscaras, colar e correntes de ferro — também eram usados nas crianças escravas.

> A casa ao lado da nossa era ocupada por um artífice. De lá, ouviam-se constantemente os mais horríveis gritos e gemidos. Eu entrei na loja um dia e vi que o seleiro tinha dois meninos trabalhando para ele [...] (que) tinha feito um açoite de couro com um azorrague russo, que segurava na mão e se exercitava, dentro de uma sala, com uma criança nua; essa era a causa dos gritos e gemidos que ouvíamos todos os dias e quase o dia todo (WALSH, 1830 *apud* MOTT, 1979, p. 62).

O silêncio daqueles que experimentavam na carne essas situações irreparáveis de sofrimento reforçava uma forma unilateral de narrativa. Os limites entre a esfera privada e a pública eram frequentemente rompidos, e o poder familiar diluía a ação do poder público. Portanto, embora houvesse leis que procurassem pautar no debate político o tema da escravidão, por exemplo, a controvertida Lei do Ventre Livre, na prática, ela serviu para proteger o espaço privado dos riscos dos excessos, flexibilizando sua execução e permitindo categorizar aqueles que deveriam ser protegidos como seus potenciais transgressores.

A Lei do Ventre Livre construiu, de forma inequívoca, a ideia da culpabilização da mãe pelo abandono de seus filhos e de insubordinação e criminalização dos descendentes de escravos que à lei não se submetiam. Tanto a culpabilização quanto a criminalização foram signos importantes que marcaram discursos e práticas que emergiram no denominado sistema de "proteção à infância do século XX".

O período de transição ao trabalho assalariado foi permeado por uma ordem política e moral em que havia a preservação do poder dos senhores, sobretudo, com relação a castigos e punições. Isso permitiu que as relações de exploração e dominação que se exercem sobre a mulher e seus filhos pequenos ficassem protegidas e até pudessem transpor os limites domésticos sem riscos de qualquer natureza. O isolamento da mulher nesse contexto propiciou a construção de uma prática integrada a um quadro desolador de desigualdades sociais estruturais de nossa sociedade.

No contexto das relações de violência repactuadas na Lei do Ventre Livre, podemos destacar a associação da ideia de perversão, violência e abandono às mães, numa produção de valores morais invertidos e reproduzidos para legitimar as mais diversas práticas. Com dois dias de parto, por exemplo, em muitas fazendas, as mulheres eram obrigadas a retornar ao trabalho duro, na coleta de cana, sob sol escaldante e, somente no final do dia, podiam amamentar seus filhos.

O processo de subordinação e dependência das crianças com relação aos senhores de suas mães refletia o impacto e os nexos das relações entre o comércio negreiro e o espaço privado de poder dos senhores donos dos escravos. Após a proibição do tráfico, decretado em 1831, mas só efetivado em 1850, aumentaram os cuidados com a preservação das crianças escravas, pois elas poderiam ser comercializadas internamente havendo, inclusive, referência a uma lei que alforriava o escravo que desse dez filhos ao seu senhor (WALSH, 1830 *apud* MOTT, 1979).

Ao mesmo tempo, cabe registro da construção da ideia de vadiagem associada aos insubmissos, àqueles que fugiam e às mulheres que não concordavam em submeter seus filhos à violência das condições impostas à libertação de seus ventres: a permanência dos filhos com os antigos senhores até a idade de oito anos quando poderiam decidir entre se utilizar de seus serviços até os 21 anos ou entregá-los ao Estado, mediante indenização, paga em títulos de renda, com juros anuais de 6%, durante 30 anos (LIMA; VENÂNCIO, 1996). Cessaria a prestação dos serviços das crianças com menos de oito anos se fosse constatado, por um juízo criminal, que o senhor praticava "castigos excessivos". Se a escrava fosse libertada, poderia ficar com os filhos menores de oito anos e, no caso de venda ou herança, as crianças menores de 12 anos deveriam acompanhar suas mães, transferindo-se para o novo senhor os direitos sobre o seu trabalho e os encargos de criá-las.

A incompletude da Lei do Ventre Livre produziu um aumento do número de crianças sem casa, abandonadas, desamparadas. A produção dessa violência, num contexto em que tal prática era naturalizada, foi cometida dentro dos ditames legais, produzindo e reproduzindo laços e narrativas que se propagaram no tempo e no espaço, rompendo os limites do espaço privado da relação senhor/escravo para dominar o espaço público.

As enunciações logo passaram a ter equivalentes ideológicos mais sofisticados, com manipulações e transbordamentos de sentidos que serviriam a distintas práticas e expressões: enjeitados, abandonados, delinquentes, mães desequilibradas, imorais, violentas. A cada um desses signos destinavam-se práticas institucionais construídas ao longo dos anos seguintes, com a organização do sistema sociojurídico vinculado ao Código de Menores de 1927.

O segundo artigo da Lei do Ventre Livre referia-se ao destino dado às crianças que eram abandonadas ou entregues ao Estado pelos senhores. Nesses casos, seriam encaminhadas às instituições públicas ou privadas que poderiam dispor e/ou alugar os seus serviços até que completassem 21 anos:

Art. 2º O Governo poderá entregar a associações por elle autorizadas, os filhos das escravas, nascidos desde a data desta lei, que sejam cedidos ou abandonados pelos senhores dellas, ou tirados do poder destes em virtude do art. 1º § 6º.

§ 1º As ditas associações terão direito aos serviços gratuitos dos menores até a idade de 21 annos completos, e poderão alugar esses serviços, mas serão obrigadas:

1º A criar e tratar os mesmos menores;

2º A constituir para cada um delles um peculio, consistente na quota que para este fim fôr reservada nos respectivos estatutos; (BRASIL,1871).

A primeira dessas instituições foi a Casa dos Expostos, criada em 1789 e destinada ao acolhimento das inúmeras crianças abandonadas pelos senhores de escravos, antes da proibição do tráfico negreiro e da Lei do Ventre Livre. As crianças ali internadas permaneciam em condições bastante insalubres e morriam com muita frequência devido ao contato entre crianças sadias e doentes, e em decorrência das precárias condições de sobrevivência. Segundo Bittencourt (1991), o registro da mortalidade infantil, em 1853, era de 76%. Antes da criação da Casa dos Expostos, o Hospital da Misericórdia do Rio de Janeiro já realizava o acolhimento de crianças abandonadas, com alarmantes índices de mortalidade infantil:

De acordo com dados administrativos, [...] no Hospital da Misericórdia [...] sobre quinhentas e trinta e seis crianças que foram recebidas em 1852, morreram quatrocentas e sete no mesmo ano (HEINE, 1855 *apud* BITTENCOURT, 1991, p. 30).

O que mais chamava atenção era o abandono das crianças pelas ruas, ou nas casas dos senhores, onde muitos recém-nascidos eram devorados por animais.

Ao solicitar permissão para instalar uma Casa dos Expostos, com sua respectiva Roda, o governador (da capitania de Pernambuco) não fazia a crítica à exposição de crianças pela moralidade ou falta dela

> (...) não alegava a necessidade de salvar almas "inocentes" do limbo, tão somente se preocupava em eliminar o "espetáculo" bárbaro produzido pelos pequenos corpos mutilados devorados (pelos animais) e assassinados nas ruas e becos da vila de Recife e cidade de Olinda. O alvo de combate do poder era a prática do infanticídio, do abandonar para a morte, o que se nomeava de "barbárie". Começava a se condenar o costume selvagem de expor crianças ao relento em nome de outra forma de exposição — a civilizada. Tentava-se desestimular uma prática costumeira em prol de uma prática normativa (NASCIMENTO, 2006, p. 106).

A proteção aos expostos só se sustentava em um quadro em que o abandono das crianças se integrava a um conjunto de desigualdades sociais que estruturavam a formação da classe trabalhadora brasileira. Os então categorizados como abandonados, alvo preferencial das Casas dos Expostos, eram encaminhados para famílias adotivas, em muitos casos, para trabalharem em atividades domésticas, ou para o recolhimento das Órfãs, ou para o Arsenal de Marinha. Os categorizados como "delinquentes" ou "insubmissos" eram os que, de alguma forma, buscavam sair do lugar da vitimização. Para esses, uma associação inescapável com a criminalização e a condenação à prisão.

Essas duas categorias gerais — os abandonados e os delinquentes — foram produzidas nas relações de violência dominantes na estrutura da sociedade escravista, e elas serviram para desmistificar a dimensão de neutralidade das leis que giraram em torno do abolicionismo brasileiro. Revelaram a violência das primeiras legislações de proteção à criança pequena e os laços que as vinculam às legislações posteriores das creches, sem cisões que apontassem numa direção de afirmação de direitos.

1.2. Nascem os "menores"

Antes de abordarmos as experiências do Serviço Social nas creches, precisamos nos deter na maneira como a infância foi se constituindo como campo de intervenção dentro do conjunto de ações organizadas pelo Estado, na conjuntura da organização das relações de trabalho após a abolição da escravidão. A expansão da nova configuração do poder, tensionada pelas forças conflituosas da emergente burguesia nacional, abrigou novas necessidades sociais, entre elas aquelas moldadas pela organização da classe trabalhadora que incorporava muitas mulheres e crianças.

A primeira infância foi introduzida no campo das políticas sociais brasileiras justamente para potencializar a incorporação do trabalho das mulheres, tanto como operárias, nas primeiras fábricas, quanto como empregadas domésticas. Dois marcos históricos, articulados entre si, demarcam esse período: a criação do Código de Menores Mello Mattos, de 1927, e a expansão das experiências denominadas "proteção" e/ou "assistência" a crianças pequenas. O Código forneceu o substrato jurídico para as práticas implementadas nas primeiras instituições sociais de assistência social, e teve profunda influência no arcabouço ideológico e político que sustentou as primeiras creches e pré-escolas. Todas essas instituições, em graus diferenciados, justificavam práticas autoritárias que eram inspiradas em ideias higienistas e moralistas, incidentes em diferentes formas de controle social sobre as crianças e suas famílias. O campo de ação social e política derivado da implementação do Código Mello Mattos organizou um conjunto de práticas profissionais, entre elas, a do assistente social.

Os primeiros anos do século XX herdaram, da alforria tutelada de mães e crianças, lugares sociais marcados por signos que foram incorporados às práticas então denominadas proteção e abrigamento. A Casa dos Expostos implantou o modelo que, durante anos, serviu de fonte para alimentar a direção do que então passou a ser um estatuto legítimo de "proteção" para as crianças pequenas e pobres: a "ressocialização pelo trabalho".

As novas instituições de abrigamento começavam a estruturar o discurso dessa ressocialização, que foi incorporado, mais tarde, a todo o sistema de proteção destinado a camadas populares, em especial aos que eram categorizados como "menores abandonados". O trabalho, tornado livre nas condições objetivas de exploração do capital, transformava-se na pedra angular de um amplo projeto de valorização moral, intelectual e econômica do proletariado urbano e rural, e constituía a principal linha do projeto ideológico e político das primeiras iniciativas institucionais para crianças e adolescentes abrigados no primeiro Código. Um dos fundamentos dessa valorização era o higienismo, sobretudo em sua vertente sanitarista, que esteve presente na difusão do sistema de ensino público e nas iniciativas na área da assistência social, principalmente nas experiências organizadas a partir do Departamento Nacional da Criança, criado em 1940, com predominância de programas materno-infantis.

O Código de Menores de 1927 legitimou um conjunto de intervenções, servindo como importante parâmetro para dividir as políticas sociais entre aquelas destinadas aos categorizados como "delinquentes" e aos "abandonados". No campo da assistência social, essa diretriz produziu uma combinação entre a ideologia católica, da ajuda aos mais necessitados, tão cara à formação dos primeiros assistentes sociais dentro do universo do pensamento católico conservador, o liberalismo e o pensamento de cunho positivista/evolucionista. A imbricação dessas três correntes, às vezes contrárias entre si, outras complementares, alinhara-se para impor um padrão coercitivo e de regulação sobre a infância de filhos e filhas da emergente classe trabalhadora brasileira, num caleidoscópio de práticas e narrativas que iam desde a primeira infância, com intervenções em creches, abrigos, pré-escolas, até as instituições de formação para o trabalho, profissionalização e recolhimento institucional. Todas essas expressões de ações e práticas discursivas tinham um caldo cultural comum: a concepção de desigualdade como pobreza, produzida pela incapacidade individual de progresso/evolução através dos meios e dos acessos disponibilizados pela sociedade, principalmente pela via do trabalho. A essa incapacidade poderiam ser acrescidas outras diferenças herdadas pela consanguinidade, pela raça, pela família... Eram núcleos geradores, potencializadores e legitimadores das narrativas e das intervenções políticas que se materializavam na vida dos sujeitos pelas intervenções dos profissionais, entre eles, os assistentes sociais.

Seguindo essa lógica, a ressocialização pelo trabalho das crianças e dos adolescentes passou a ser referência e se tornou a principal linha política da primeira grande instituição de renome no Brasil: a Casa do Pequeno Jornaleiro, fundada em 1938 pela primeira-dama do país, D. Darcy Vargas, articulada ao Departamento Nacional da Criança e ao Ministério da Educação e Saúde Pública. Surgiram outras similares, com a predominância de programas voltados para a "proteção materno-infantil" e destinados a crianças que tinham famílias. Essas crianças, incluídas na categoria abandonados, passavam a compor o universo multifacetado de sujeitos que poderiam ser incorporados aos trabalhadores disponíveis para o mercado.

A assistência social na área da infância estruturou-se em duas dimensões: uma pública, de responsabilidade do Estado, e outra privada, de responsabilidade de instituições filantrópicas, muitas ligadas à Igreja católica. Esse sistema foi organizado a partir de uma concepção intervencionista, coercitiva e em parceria público-privada. Já em 1926, Moncorvo Filho sugeriu que os "poderes públicos atuem em convergência com o trabalho dos institutos já existentes" (MONCORVO FILHO apud VALLADARES; ALVIM, 1988, p. 6).

Desde o surgimento das primeiras ações, observa-se uma distinção entre aquelas destinadas a crianças pequenas, que necessitavam de cuidados e guarda, cujas mães trabalhavam, e as que eram organizadas para desenvolver programas para crianças maiores e/ou adolescentes, que se pautavam na perspectiva da formação para o trabalho.

Essa distinção é importante, pois as primeiras ações para as crianças pequenas foram originadas no Departamento Nacional da Criança (1940) e se expandiram com o surgimento, em 1942, da Legião Brasileira de Assistência, com apoio nutricional e educação higiênica. Essa foi a matriz de trabalho que orientou os principais projetos socioeducativos de creches, bem como sua expansão precarizada, conforme veremos adiante.

Já os projetos para crianças maiores e/ou adolescentes com vínculos familiares rompidos ou mais fragilizados eram dirigidos para a formação profissional. Surgiram, também na década de 1940, com o apoio de empresários, o Serviço Nacional de Aprendizem Industrial (Senai), com o objetivo de formar jovens com qualificações industriais, o Serviço Social da Indústria (Sesi), o Serviço Social do Comércio (Sesc) e o Serviço Nacional de Aprendizagem Comercial (Senac). Estes três últimos criados em 1946. Também em 1946 foi regulamentado o ensino primário pela União, estendendo-se, assim, o âmbito de intervenção estatal para o ensino público voltado para as camadas populares.

Outra relevante vertente da política de assistência social do período foi a inauguração, em 1941, do Serviço de Assistência ao Menor (SAM), vinculado ao Ministério da Justiça e Negócios Interiores, destinado àqueles que, desde o tempo da escravidão, já eram considerados "vadios" e, após o Código de 1927, foram categorizados como delinquentes. Nesses casos, a "ressocialização" também viria pelo trabalho, mas, agora, claramente associada à repressão e ao encarceramento (NUNES, 2000).

Todo esse sistema se manteve inalterado até a década de 1960, quando novos modelos foram implantados dentro da correlação de forças imposta pelo projeto de modernização conservadora implantado pelo golpe de 1964. Naquela conjuntura, a questão social que envolvia a criança e o adolescente ficou identificada como uma questão de segurança nacional e tratada diretamente a partir da forte presença autoritária do Estado no seu enfrentamento. O atendimento à infância passou a ser articulado em torno da Política Nacional de Bem-estar do Menor, executada pela Fundação Nacional do Bem-estar do Menor (Funabem), que coordenava as diversas Fundações Estaduais de Bem-estar do Menor (Febem), num novo arcabouço institucional. À Funabem cabia estabelecer as diretrizes gerais que seriam executadas pelas fundações estaduais.

Os anos 1970 marcaram a entrada da pesquisa e da análise científica na área da infância, sobretudo com estudos sobre a relação existente entre abandono e pobreza. Várias pesquisas foram desenvolvidas e uma delas, coordenada pelo Centro Brasileiro de Análise e Planejamento (Cebrap), culminou na publicação do trabalho denominado "A criança, o adolescente e a cidade", sobre as condições de vida do abandonado e do infrator. Em 1978, houve a criação da Pastoral do Menor, ampliando e modernizando a presença da Igreja católica na área da assistência a crianças e adolescentes.

Em 1976, foi criada uma Comissão Parlamentar de Inquérito (CPI) para um diagnóstico sobre a realidade de vida de crianças e adolescentes no Brasil. A instalação dessa CPI revelava a preocupação do legislativo com o aumento da criminalidade entre as crianças em situação de miséria e abandono. Em 1979, surgiu o Movimento em Defesa do Menor, cuja ação se concentrou na denúncia de maus-tratos praticados nas unidades da Febem contra crianças que estavam sob tutela do Estado. Nesse mesmo ano, foi reformulado o Código Mello Mattos de 1927 e lançado o novo Código de Menores (1979), cuja ênfase foi dada à "situação irregular", com penalizações severas, incluindo a indicação de prisão cautelar.

Na década de 1980, já na conjuntura das pressões populares pela redemocratização, foram construídas as bases da reformulação dessa perspectiva de ação política a partir de várias iniciativas de juristas e de movimentos populares, sobretudo os liderados pelo Movimento Nacional de Meninos e Meninas de Rua, e, em 13 de julho de 1990, foi lançado o Estatuto da Criança e do Adolescente (ECA), Lei n. 8.069/90.

O processo de construção desse Estatuto revelou a luta entre diferentes projetos societários que reafirmavam o velho estilo tutelar repressivo e aqueles que buscavam superá-lo. Pela primeira vez na história das lutas sociais, o tema da defesa dos direitos das crianças assumia feições próprias e mobilizava amplos segmentos da sociedade, envolvendo, inclusive, sindicatos e partidos políticos mais sensíveis à questão social. A luta pela defesa dos direitos da criança agregou-se à mobilização popular à época da elaboração da Constituição de 1988, e tinha como centralidade a defesa da criança e do adolescente como sujeitos de direitos, que deveriam ser respeitados em suas condições especiais de desenvolvimento.

Entretanto, o Estatuto não conseguiu superar aquelas velhas práticas, por estar sendo implementado numa conjuntura de retração dos investimentos públicos na área social e de persistência de um modelo de desenvolvimento, em que a lógica do ordenamento sociopolítico tinha, no aprofundamento da desigualdade social, seu elemento constitutivo. Em 1995, o gasto com o serviço da Dívida Pública Federal foi de 46,7%, ao passo que o gasto social federal (que representa os gastos do governo federal nas áreas de educação, habitação e urbanismo, saúde, saneamento, proteção ao meio ambiente, trabalho, assistência social e previdência) foi de 12,5%. Também em 1995, o total de gasto social do governo federal com crianças foi de 12,4%, da totalidade do gasto social. Comparativamente, o universo total de crianças, adolescentes e jovens correspondia a 38,2% da população total de adultos (IBGE,1991/1996).

A partir dessa retrospectiva geral sobre a emergência das políticas sociais na área da infância e da adolescência, abordaremos como o Serviço Social foi se estruturando como prática profissional, associada ao conjunto de ações materiais e ideológicas voltadas para o atendimento materno-infantil no início do século XX.

1.3. As ações assistenciais na área materno-infantil e a inserção dos pioneiros do Serviço Social

Tem a criança, portanto, o direito de se desenvolver no Lar e os pais a obrigação de cuidar dela até o uso da razão. O não cumprimento deste direito mostra sempre uma desorganização social (TELLES, 1939, n.p.).

Na transição do século XIX para o XX, no contexto do contraditório processo histórico de implantação do trabalho livre entre nós, um conjunto de ações constituiu as bases materiais e ideológicas de atendimento materno-infantil. Essas iniciativas visavam abrigar as crianças durante o trabalho de suas mães, garantindo o processo de apropriação e reprodução da força de trabalho feminino, embora a justificativa ideológica fosse de que havia a necessidade de diminuição das altas taxas de mortalidade infantil e de prevenção do abandono. Essas justificativas associavam a família operária ao espaço próprio do abandono e da mortalidade, potencializando seus riscos ao desenvolvimento das crianças.

As mulheres, nesse processo, eram totalmente despossuídas de bens, marginalizadas na incorporação do trabalho "livre" e profundamente subalternizadas frente ao trabalhador imigrante europeu. Compunham o exército de sobrantes que cruzava a vida cotidiana do país e demandava respostas para algumas necessidades sociais, tais como as creches e/ou o abrigo para seus filhos pequenos. Entretanto, a prática e o discurso dominante não se diferenciavam daqueles referidos aos menores categorizados pelo Código de 1927. A desigualdade social vivida por esse segmento era enfrentada com ideias racistas, misóginas e machistas, que inferiorizavam mulheres, negros, mestiços e os trabalhadores em geral, justificando práticas institucionais de disciplinarização e tutela.

A crescente precarização nas condições de vida das crianças que necessitavam dos cuidados maternos acentuou-se com a demora na construção dos direitos da mulher trabalhadora e da concepção da criança como um sujeito de direitos. A creche, que seria uma instituição complementar, de apoio à mulher trabalhadora e de garantia de direitos da criança, entrava na esfera pública com enunciados que a associavam ao mal, ao abandono. No discurso dos primeiros assistentes sociais, distintas expressões enraizavam, aprofundavam e reproduziam o enunciado original: crianças eram concebidas como débeis, portadoras de vícios, taras hereditárias, violentas. Assim se pronunciava uma pioneira do Serviço Social:

> Reconhecemos que na situação social atual as creches são necessárias. Diremos, mesmo, que são um mal necessário. Mal, porque são o sintoma de um desajustamento moral e econômico; falam sempre de uma sociedade mal organizada, onde necessário se faz o abandono do lar e dos filhos por parte da mulher, para que seja possível o seu sustento. Dizemos mal necessário, porque a sua não existência acarretaria males maiores, como, por exemplo, a dissolução de muitas famílias, a delinquência infantil, um sem número de crianças débeis física e quem sabe se também mentalmente (TELLES, 1938, n.p.).

Ancoradas nessas bases, as palavras saltavam do texto para justificar as práticas instituídas, delimitando o seu conteúdo ideológico e político.

Esse deslocamento é importante para a compreensão da legitimidade do trabalho dos assistentes sociais, demandados para restabelecer as relações familiares então consideradas desagregadas, o que incidia diretamente na individualização da questão social. O ajuste moral, disciplinador, era integrado a um conjunto de normatizações da vida social que penetrava no mundo do trabalho e da família do trabalhador, reforçando a submissão, a dependência e a culpabilização da mulher. Assim se pronunciava outra assistente social que atuava em creche:

> Daí a necessidade de haver, junto às creches, pessoal técnico que saiba ver, em cada família dos seus assistidos, o ponto certo que tem de atingir, para torná-la continuadora de sua ação, e para, com o devido apoio dos dirigentes do estabelecimento, fazer o trabalho de reajustamento dessa família... (BASTOS, 1938, n.p.).

O campo da ação social era amplo e envolvia entidades filantrópicas religiosas e do empresariado. A parceria entre o Estado e essas instituições permitia que aquele se liberasse para as ações prioritárias das políticas destinadas a abandonados e delinquentes, conforme preconizava o Código de Menores. Por seu turno, as entidades filantrópicas ficariam concentradas na prevenção do abandono e da delinquência, pela ação moralizadora e ajustadora da família operária:

> Mas nenhum problema social, sobretudo tão extenso e de tão largo alcance como o da proteção à infância, se resolve única e exclusivamente pela ação do Poder Público. A cooperação da sociedade, a generosidade pública são meios indispensáveis ao êxito duma campanha de defesa social. Por isso, no nosso país como nos outros, as associações de caridade, as ordens religiosas e as organizações leigas têm sido muito solicitadas nesse sentido, realizando todas juntas obra notável de proteção e assistência social (VASCONCELOS; SAMPAIO, 1939, p. 184-185).

A influência da razão positivista na organização do Estado, a reorganização do pensamento católico, sobretudo em sua vertente social, e o liberalismo construíam diferentes níveis de explicações e enfrentamento para a emergente questão social, que influenciavam tanto nos discursos dos assistentes sociais quanto nas práticas disciplinares no interior das creches. Liberais e católicos lutavam pela hegemonia na vida pública, disputando os campos de assistência e educação. As elites católicas desenvolviam ações, principalmente na área materno-infantil, para as camadas populares, enquanto os liberais procuravam se afirmar junto à formação das elites. Católicos buscavam os meios de acesso ao poder com o povo pela via assistencial; liberais pela via educacional, embora uns e outros estabelecessem pactos e alianças no enfrentamento do que consideravam um inimigo comum: a classe trabalhadora.

> Enquanto a Igreja se refaz com o Povo, lançando-se nas massas, com demonstrações públicas de piedade popular, reforçando os seus meios de comunicação de largo alcance, com a imprensa católica, os métodos modernos de catequese, as missões, os liberais jogam-se decididamente no domínio da imprensa, das escolas, da universidade, procurando estabelecer um campo laico "superior à massa", criando uma linha política de produção das elites dirigentes (ROMANO, 1979, p. 107).

A convergência entre o ideário humanista do pensamento católico, que subsidiou a formação dos primeiros assistentes sociais e o ideário filantrópico das primeiras creches, demonstra o quanto a inserção da profissão nesse projeto inicial servia a um mesmo movimento político e ideológico. Os condicionantes históricos e sociais daquele contexto estavam presentes nas práticas institucionais que atendiam a crianças pequenas e suas famílias, e atravessavam o discurso dos pioneiros de Serviço Social na área.

No campo do ideário humanista e filantrópico, dominava a concepção de desigualdade natural entre os homens, o que preservava a hierarquia das relações sociais, a ordem e a necessária disciplina das relações sociais. Havia a ideia de que a sociedade proporcionava todos os recursos necessários ao pleno desenvolvimento e à integração dos homens entre si e deles com a sociedade, que oferecia todos os meios de ajuda para a preservação dessa relação equilibrada e harmoniosa. Entre eles, as instituições beneficentes de assistência social. Esse conjunto de práticas e normas foi inspirado no modelo da *Poor Law*[1], em que o reconhecimento da igualdade entre os homens passava pela conquista da sua liberdade individual. Aqueles que recorriam ao sistema de ajuda e à benemerência carregariam o estigma do não reconhecimento de sua cidadania; eram "os indigentes".

> A poor law tratava as reivindicações dos pobres não como parte integrante de seus direitos de cidadãos, mas como uma alternativa deles, como reivindicações que poderiam ser atendidas somente se deixassem de ser cidadãos [...]. O estigma associado à assistência aos pobres exprimia os sentimentos profundos de um povo que entendia que aqueles que aceitavam assistência deviam cruzar a estrada que separava a comunidade dos cidadãos da companhia dos indigentes (MARSHALL, 1967, p. 72).

Esse sistema de ajuda e filantropia constituiu um complexo instrumento de acesso às camadas populares; as mulheres e as crianças eram alvos privilegiados dessas ações. O foco em mulheres e crianças fundamentava o projeto de fortalecimento das bases de acumulação, que se aliava ao controle sobre o proletariado, a moralização e a disciplinarização de suas relações familiares e íntimas.

---

1. A *Poor Law* foi um sistema de ajuda aos pobres da Inglaterra, montado no século XVI, que perdurou até o início do século XX, extinto após a montagem de uma nova legislação social liberal.

No Brasil, as mulheres foram progressivamente absorvidas no mercado de trabalho informal, e essa absorção foi carregada de conotações pejorativas, herdadas da escravidão e transferidas para as crianças, as quais necessitavam de algum tipo de proteção enquanto suas mães trabalhavam. Como grande parte dessa absorção era e ainda é dominante pelo setor de serviços, em especial no trabalho doméstico, essas conotações envolviam a responsabilização da mulher trabalhadora pelo abandono de seu lar, além de sua destituição de qualquer sentimento "nobre" da maternidade. Sentimento, aliás, plenamente reconhecido junto à mãe burguesa, criada basicamente para cuidar do lar e dos filhos, ainda que se servindo, para tal, do trabalho das ex-escravas, das amas de leite, de cozinheiras, lavadeiras e domésticas em geral...

> A construção de uma "natureza" feminina pela ciência da época fez com que toda mulher que contrariasse o novo figurino de mãe construído pela sociedade para ela fosse vista como uma mãe "desnaturada", como alguém que estava contrariando sua vocação "natural" (ROCHA-COUTINHO, 1994, p. 92).

Assim, as mulheres obrigadas ao trabalho fora do lar eram identificadas como mulheres que faltavam aos cuidados dos filhos e prontamente consideradas destituídas de afeto. Seus filhos eram, na sequência, concebidos como carentes, inferiores, diferentes. Essa constituía a base do ideário higienista/sanitarista, dominante no início do século XX, e originava-se numa visão moralista e racista sobre os cuidados da mãe escrava com relação a seus filhos. Encontramos em Freyre (1978, p. 362) a seguinte citação:

> As negras de ordinário, informa o Manual do Fazendeiro ou Tratado Doméstico sobre as Enfermidades dos Negros, cortão o cordão muito longe do embigo e estão de mais a mais no pernicioso costume de lhe porem em cima pimenta, e fomental-o com óleo de rícino ou

qualquer outro irritante. Feito isto apertam essas malditas o ventre da criança a ponto quase de suffocal-a. Este bárbaro costume corta o fio da vida a muitas e muitas creanças....

Assim, a libertação das mulheres escravas conviveu com uma permanente acusação sobre a sua incapacidade afetiva e ilegitimidade de novas formas de sociabilidade. Foi nesse caldo cultural que elas se agregaram à força de trabalho livre e foram abordadas pelas mulheres burguesas que as contratavam como empregadas domésticas, algumas trabalhando em troca de moradia e alimentação.

Embora a alta taxa de mortalidade infantil e a regulação sobre o trabalho da mulher tenham sido determinantes para o reconhecimento da necessidade de criação das primeiras creches, há, entre os estudiosos, uma controvérsia sobre esses elementos. Civiletti (1988) defende a ideia de que a tônica higienista das primeiras iniciativas de atendimento foi determinada por uma aliança entre médicos higienistas do final do século passado e mulheres burguesas, visando à liberação da mão de obra doméstica. Vieira (1986) e Kishimoto (1988) destacam as iniciativas empresariais voltadas para a garantia da incorporação da mão de obra feminina nas fábricas como sendo determinantes. Gohn (1990), analisando a legislação sobre educação infantil, faz uma interessante observação: na referência ao Código de Educação do Estado de São Paulo de 1933, diz que eram enunciadas como escolas maternais e jardins de infância aquelas destinadas às elites, e asilos e creches as destinadas às camadas populares. A autora atribui o surgimento dessa legislação à contingência histórica determinada pela necessidade de fortalecimento do proletariado nacional, com ênfase em apreciações do tipo necessidade de formação dos "homens de amanhã" (GOHN, 1990). Kramer (1984) salienta que as primeiras iniciativas tinham um caráter higienista devido à grande preocupação de alguns médicos, sobretudo Moncorvo Figueiredo e seu filho, Moncorvo Filho, com relação à alta taxa de mortalidade infantil. Destaca que as causas dessa mortalidade eram atribuídas ao comércio de aleitamento, determinado pela "falta de educação moral e intelectual das mães" e às "uniões ilegítimas entre escravos e entre eles e os senhores". Alguns autores, como Vieira (1988), analisando documentos do Departamento Nacional da Criança, de 1940 a 1970, conclui que as creches eram consideradas "um mal necessário" à diminuição da mortalidade infantil, reforçadas pelas criadeiras que cuidavam das crianças sem uma orientação médica e higienista.

Os frágeis laços de solidariedade na luta dos trabalhadores com a causa da mulher e a lenta montagem da estrutura legislativa de proteção para o trabalho feminino impediam a luta por seus direitos. A burguesia construiu um discurso que questionava os avanços legislativos na área da proteção do trabalho da mulher e da criança, e apresentava como justificativa a desorganização que tal legislação poderia trazer para a estruturação do trabalho livre. Também questionava a lei de férias e o Código de Menores, alegando que no Brasil não havia trabalhadores suficientes para manter a atividade industrial. Gomes (1979), em seu estudo sobre burguesia e trabalho no Brasil, destacou alguns trechos do discurso produzido pelos empresários e pelo próprio governo a esse respeito:

> [...] quando na Europa e nos Estados Unidos, países de fortuna consolidada, indústrias organizadas, mão-de-obra barata, abundante e preparada, não puderam levar a legislação ao excesso de interdição de menores e mulheres em certos trabalhos e do dia de oito horas [...], é contraproducente pretender inaugurar no Brasil semelhantes práticas, num meio onde escasseiam capitais, braços e artífices competentes (*JORNAL DO COMERCIO*, 2-12-1923 *apud* GOMES, 1979, p. 188-189).

A precarização de direitos e a ausência de condições materiais mínimas de sobrevivência material concorreram para que a entrada da mulher no mundo do trabalho livre fragilizasse suas relações sociais e familiares. Tanto as longas jornadas do trabalho nas fábricas quanto as do trabalho doméstico roubavam-lhe o tempo de convivência com seus filhos e fragilizavam suas relações de cuidado, sobretudo com os seus filhos pequenos. Os baixos salários ou a ausência deles, em troca de moradia e alimentação, precarizavam ainda mais as difíceis condições de vida que se desenvolviam em ambientes insalubres, em reduzidos espaços físicos e em meio à crescente vulnerabilidade social.

Somente em 22 de março de 1932, durante a República Nova, regulamentou-se o trabalho da mulher pelo Decreto 21.417/A, postulando-se a proibição do trabalho noturno e as regras para proteção à gestante, estabelecendo-se que trabalho igual implicaria igual remuneração. O trabalho da mulher passou a ser objeto de um rígido controle social, e o serviço de creche pode ser um dos exemplos desse controle, tendo em vista que a sua concepção foi construída na tensão entre a exploração do trabalho da mulher e o discurso moralizador sobre o papel da mãe na formação dos filhos.

> O principal não é aumentar o número de instituições que atendem as crianças. Há alguma cousa de muito mais importante a se fazer. Necessário será conhecer a natureza do trabalho social da mulher, procurar os meios capazes de lhe permitir o retorno ao Lar e ali desempenhar uma tarefa que requer mais inteligência, devotamento, amor, qualidades estas que ela não poderá desenvolver com a mesma eficiência em trabalho fora do lar (TELLES, 1939, n.p.).

São concepções que se chocam em face da realidade vivida pelas mulheres e na relação que podiam estabelecer com seus filhos pequenos nas creches. Vejamos a licença após o parto como um exemplo disso: se a mãe escrava, no final do século XIX, em geral tinha apenas três dias de descanso depois do parto, a trabalhadora da década de 1940, já no século XX, tinha apenas 21 dias, período que tornava as crianças aptas ao ingresso nas creches: "As crianças não deverão ser admitidas [na creche] com menos de 21 dias de idade", enunciava Figueiredo (1946, p. 14).

O ato de amamentar, para a classe trabalhadora, traduzia a tolerância da sociedade com a possibilidade de compatibilizar trabalho e maternidade. Para tanto, ofereciam-se as creches como instituições mediadoras da relação familiar, ao contrário de orfanatos e asilos, onde os vínculos familiares estavam rompidos ou muito fragilizados. Em 1946, o dr. Gastão de Figueiredo, em seu livro sobre creches, assim se pronuncia:

> A proximidade da creche em relação às fábricas economizará assim o tempo concedido às mães nutrizes para amamentarem os filhos, tendo em vista que esse prazo é geralmente muito exíguo (FIGUEIREDO, 1946, p. 14).

A dominação hierárquica dos médicos puericultores na direção ideológica das primeiras creches era inconteste. O rígido controle sobre crianças e suas mães constituía uma linha programática do trabalho, e permitia reproduzir o controle higienista com as suas conexões ideológicas e políticas.

> O médico puericultor deve consagrar-se à direção da creche, pois o êxito do estabelecimento está na dependência direta da competência, dedicação e interesse que revelar no desempenho dessa função [...]. O médico deverá comparecer diariamente à creche, pela manhã, a fim de assistir à admissão das crianças, o que lhe permitirá apreciar o asseio das nutrizes e dos filhos, *advertindo carinhosamente* as mães se os filhos apresentarem qualquer anormalidade resultante da infração dos preceitos da puericultura e da higiene infantil, elogiando-as, do mesmo modo, pela cooperação em mantê-los sadios.

Esse processo é sempre útil, pois exalta-lhes o sentimento materno, tão rico de benéficas conseqüências quando bem orientado [...]. A creche funcionará das 7 às 19 horas. Diariamente, às 6 horas da manhã, o edifício [...] sofrerá rigorosa limpeza [...]. A encarregada da creche, após ter verificado minuciosamente a observância de todos esses detalhes, retirará do arquivo próprio as fichas das crianças matriculadas, e, dispondo-as sobre a mesa do médico puericultor, aguardará, em companhia das atendentes, a chegada das crianças [...]. [...] à proporção que forem chegando à creche, a encarregada encaminhará as crianças ao gabinete do médico puericultor, onde sofrerão *rigorosa inspeção individual*. Nessa ocasião, essa funcionária deve, obrigatoriamente, inquirir da mãe como passou o filho, desde o momento em que o mesmo deixou a creche no dia anterior [...] Estando sadias, as crianças passarão ao vestiário onde *serão lavadas e vestidas* com a roupa da creche, e encaminhadas, conforme a idade, aos locais apropriados.

O vestuário das crianças, à proporção que for retirado, receberá um número [...] *e colocado em seguida na autoclave ou estufa a fim de ser desinfetado* [...]. Se no momento da admissão a criança apresentar qualquer anormalidade, será imediatamente conduzida ao isolamento da creche, onde o médico puericultor, depois de examiná-la, consentirá na sua permanência, ou aconselhará a sua remoção imediata para um ambulatório ou hospital infantil, conforme a natureza ou gravidade do distúrbio apresentado (FIGUEIREDO, 1946, p. 14, grifos nossos).

Em 1899, foi criado o Instituto de Proteção e Assistência à Infância por Moncorvo Filho, que tinha, entre suas finalidades, fomentar a criação de creches, maternidades e jardins de infância. Essa foi a primeira iniciativa oficial de regulamentação da área materno-infantil liderada pelos médicos higienistas que, ao longo dos anos seguintes, foi se desdobrando em todo o território nacional. Além dos institutos de proteção, foram criados hospitais infantis, patronatos agrícolas, onde as crianças recebiam "instrução e cuidados higiênicos" (VASCONCELOS,

1939), dentro de um conjunto de ações que já se definiam como um modelo de assistência com atendimento médico-ambulatorial, associado a medidas educativas destinadas à propagação de princípios sanitários, fundamentados no eugenismo. Em dezembro de 1935, segundo estudo feito por Vasconcelos (1939), havia, no Brasil:

- 87 creches
- 38 gotas de leite e lactários
- 7 serviços de exame e atestação de amas de leite
- 6 consultas de lactentes
- 2 institutos de puericultura
- 157 jardins de infância
- 19 escolas maternais
- 12 casas de expostos

Esse conjunto de instituições foi, desde seu surgimento, defendido como um campo de intervenção da sociedade civil, com forte presença de instituições religiosas, filantrópicas e leigas. Esse é um dado importante, pois, ao longo dos anos, como veremos, deixou marcas profundas na educação infantil, deslocando-a da esfera pública e estatal para a esfera privada sem fins lucrativos e, predominantemente, não governamental.

Eram iniciativas isoladas que apontavam para uma nova regulação da vida social que eclodiu na criação do Departamento Nacional da Criança (DNC), liderado pelos médicos higienistas, no governo Vargas. O DNC inscrevia-se num amplo projeto sanitarista de incorporação de demandas sociais da área materno-infantil pelo Estado, durante o governo Vargas, liderado pelos puericultores que buscavam delimitar uma esfera própria de intervenção profissional com base em um intrincado pensamento, ancorado em ideias racistas e eugênicas, e em práticas que articulavam a saúde com a educação e a assistência.

Para dar materialidade a essa prática, o DNC incorporou profissionais que passaram a interpretar e intervir nos problemas que, à época, eram evocados como determinantes das altas taxas de mortalidade infantil, abandono e delinquência juvenil, os quais associavam os "males da raça" à "situação de abandono, miséria e ignorância do povo brasileiro", em especial, os habitantes de zonas rurais e favelas. Esse saber médico, à medida que ia se legitimando tanto na formação de novos quadros profissionais e técnicos — médicos, enfermeiros, assistentes sociais — quanto nas camadas médias e altas da sociedade, sobretudo, junto a mulheres burguesas, ganhava corpo, espaço, densidade discursiva e capacidade de dirigir práticas educativas e de intervir na questão social, com grande influência nas creches e em iniciativas similares.

Os assistentes sociais logo ingressaram no novo campo de ação técnica na área materno-infantil, e as creches foram uma das áreas privilegiadas de intervenção. Os primeiros escritos datam da década de 1930 e referem-se a experiências em instituições de vilas operárias, fábricas e entidades religiosas e filantrópicas. Os assistentes sociais foram incorporados como coadjuvantes nos estudos das relações entre o meio imediato de vida e a produção das "taras hereditárias", que eram apontadas, pelos médicos higienistas, como principais causas do abandono e da mortalidade infantis. Essa nova abordagem advinha da influência do pensamento sociológico de Guerreiro Ramos, então ocupante de uma cadeira do curso de Puericultura do DNC, que procurava associar a produção das disfunções sociais não apenas a causas biológicas, mas, também, a sociais. Guerreiro Ramos era egresso do integralismo e suas aulas foram ministradas junto às disciplinas Serviço Social e Administração Pública Brasileira — Organização e Administração dos Serviços de Proteção à Maternidade, Infância e Adolescência (MAIO; LOPES, 2018).

O trabalho dos assistentes sociais tinha uma clara intenção: a criança seria um instrumento para se moralizar a família e uma das estratégias educativas para instaurar os seus laços de pertencimento à sociedade burguesa. Para tanto, associavam-se a ações disciplinares no interior das creches, que exerciam um rígido controle da higienização das crianças:

> [...] o fim das creches consiste, além de prevenir a mortalidade infantil, em guardar os sobreviventes das ações nocivas e graves do meio exterior, isto é, em previr a morbidade. Talvez seja mesmo essa a sua função mais importante sobre as crianças que abriga (VASCONCELOS, 1939, p. 229).
> A notória receptividade das crianças para todos os germes, sua facilidade de disseminação e contágio, a par da virulência que adquirem os diversos micróbios quando infectam aglomerações, impõem severo isolamento dos lactentes (VASCONCELOS, 1939, p. 231).
> A creche — (escreveu Fernandes Figueira) — há de dividir-se em dois compartimentos essenciais: quarentena e asilo. Naquele demorarão separados e por alguns dias os entrados que, somente no caso de reconhecidos sem perigo para os outros, a eles se juntarão... Espirra uma criança? Não comunicará com as outras... Fraldas, lençóis, toalhas passarão pela estufa. Panos poluídos serão desinfetados. Mamadeiras e bicos rigorosamente limpos... As amas de leite, si as há, serrão examinadas quotidianamente, para que não transmitam a menor infecção (VASCONCELOS, 1939, p. 231).

O êxito da difusão da ideologia higienista estava na forte vinculação de suas ideias a teses racistas, sexistas e moralistas que se materializavam nas práticas de cuidado da criança, propostas pelas creches. Para tanto, concorriam diferentes profissionais, com discursos e práticas que incidiam na difusão de tais ideias, formando um grau de racionalidade que dava corpo e formatava os projetos de assistência. O higienismo, como ideologia associada ao assistencialismo, era uma estratégia de naturalização de condutas violentas de higiene, moralização e controle sobre a criança e suas relações familiares. Os profissionais do campo, entre eles os assistentes sociais, racionalizavam seus discursos, traduzindo-os em normas de condutas, guias de orientação das visitas domiciliares e eixos de investigação das relações familiares. A interpretação dos dados se traduzia em verdades científicas sobre a relação entre a criança e seu meio imediato de vida, numa relação positivista de causa e efeito. Aos assistentes sociais cabia comprovar, constatar, atribuir aos sujeitos concretos, principalmente as mães, aquelas teses para informar os educadores e os demais profissionais sobre os "antecedentes" familiares:

> A investigação dos antecedentes familiares nos descobre as taras hereditárias de cada aluno, e esta descoberta dá novos meios e rumos ao mestre ou educador para tratar dos instintos congênitos originários das famílias, inclusive instintos sociais. Alguns destes instintos se reconhecem facilmente como disposições herdadas, prejudiciais à personalidade moral do jovem, e demandam pronto e racional combate (SILVA, 1949, n.p.).

A insistência na ideia das "taras hereditárias" era determinada pela forte influência do eugenismo, que dominou um movimento de "melhoria da raça" e sustentou o ideário de construção de uma sociedade formada pelos mais aptos. Como vimos anteriormente, a família da emergente classe operária era concebida como um espaço de ruptura de vínculos afetivos, portanto um campo propício para a reprodução das "taras hereditárias", de vícios e instintos sociais herdados de seus ancestrais; em geral, escravos e/ou migrantes nordestinos. Essa abordagem era inteiramente ideológica e muito presente em algumas correntes sanitaristas que orientavam os projetos de trabalho das creches. Apregoava a eliminação dos "venenos sociais" para garantir a reprodução de proles "saudáveis e boas", que era conhecida como a eugenia positiva e preventiva, o que seria feito por meio dos casamentos. A eugenia preventiva também era representada pelo higienismo, voltado, como vimos, para os programas de puericultura, educação e orientação pré-natal, em que se inseriam as creches. A eugenia negativa buscava evitar a reprodução dos "degenerados" — signo presente no nosso Código de Mentores de 1927. No Brasil, houve uma mistura desses tipos de orientações com predominância da eugenia preventiva e positiva, principalmente nos projetos sanitaristas que muito influenciaram na construção da política nacional de proteção materno-infantil do Departamento Nacional da Criança.

Para consolidar a eugenia preventiva, o Serviço Social agia no controle dos "venenos sociais", que reverberavam na formação de uma cultura política, em que a ênfase em costumes, aptidões físicas, intelectuais e morais se associava a determinada forma de apreensão das relações familiares. Os "venenos sociais" eram associados ao alcoolismo, aos laços de convivência familiar que não eram legais e/ou reconhecidos pela Igreja católica, às mães solteiras, à falta de saneamento, às doenças sexualmente transmissíveis e ao conjunto de formas de vida que atravessavam o cotidiano. O legado do eugenismo no discurso dos pioneiros do serviço social das creches foi muito relevante porque associava-se a práticas higiênicas e de controle sobre crianças e mães no interior das creches. Isso ocorreu porque os interesses que se entrelaçavam na dominação sobre a emergente classe operária se ramificavam em diferentes direções, e a creche era um dos espaços de exercício desse controle.

A ideia de que a creche seria um espaço de proteção dos "males" advindos da vida cotidiana coincidia com as condições reais de vida dessas famílias. Isso justificava todo tipo de narrativa e intervenção. Não havia embates e/ou conflitos de classe que questionassem o lugar da mulher na estrutura subalterna do trabalho produtivo, na sua dupla jornada de trabalho e/ou nos impasses da vida familiar. Na década de 1920, antes da regulação do trabalho no Brasil, concluída em 1943 pela Consolidação das Leis do Trabalho (CLT), a taxa de ocupação da mão de obra feminina nos setores terciário e secundário era de aproximadamente 28% (ANUÁRIO ESTATÍSTICO, 1996). Isso significa que as mulheres trabalhavam em condições de absoluta exploração e precarização, com rebatimento na vida das crianças de zero a seis anos, que passaram a depender das creches para sobreviver. Como um "mal necessário", a creche era apenas um paliativo que se aliava a medidas práticas de higiene e serviam para fortalecer o ideário da proteção materno-infantil apregoada por sanitaristas e pensadores eugênicos.

Estabelecida essa diretriz política e ideológica, os demais elementos se encadeavam naturalmente na produção dos discursos oriundos das práticas interventivas dos assistentes sociais: a mulher trabalhadora era responsável pelo abandono do lar e dos filhos, que eram concebidos como crianças débeis física e mentalmente, e a creche servia para preservá-las do abandono e preveni-las da delinquência na perspectiva, como vimos, da eugenia preventiva. Era, assim, um espaço de "aperfeiçoamento físico, moral e psíquico":

> A par da finalidade comum aos jardins de infância, levar as crianças ao aperfeiçoamento físico, moral e psíquico, favorecendo a socialização, visa também amparar da mulher que se afasta do lar para o trabalho (SILVA, 1949, n.p.).

Os "perigosos desajustamentos" justificavam as intervenções profissionais:

> [...] a falta de equilíbrio econômico numa família degenera, por vezes, no desgoverno de todo o grupo familiar, onde já não se tem noção de disciplina, ordem, higiene e bem-estar. E esta desorganização se reflete de tal forma nos membros do grupo familiar que constitui causa de graves e perigosos desajustamentos (PINTO, 1958, n.p.).

Daí a necessidade de haver, junto às creches, pessoal técnico que saiba ver em cada família dos seus assistidos o ponto certo que tem de atingir para torná-la continuadora de sua ação, e para, com o devido apoio dos dirigentes do estabelecimento, fazer o trabalho de reajustamento dessa família... (BASTOS, 1938, n.p.).

Os textos produzidos pelos assistentes sociais não eram diferentes do conjunto de outros produzidos por médicos higienistas, juízes e educadores. Ao analisar historicamente a relação entre educação infantil e infância, Kuhlmann (2004) nos mostra o conjunto de práticas que, desde o final do século XIX, atuavam no campo da educação infantil, com ênfase nos estudos das instituições que transitavam tanto no campo da assistência quanto no da educação. Para o autor, as instituições eram o sustentáculo de saberes jurídicos, médicos e religiosos necessários ao controle da política assistencial que estava sendo gestada.

A análise do modelo de assistência social para a criança de zero a seis anos, no período, remete, como vimos, às condições de reprodução social da família do trabalhador, às práticas socialmente instituídas, no sentido de garanti-las, e à sua legitimação, no plano ideológico. Como prática social, o atendimento à criança pequena associava-se às condições estruturais de reprodução do trabalho em geral e do trabalho feminino, em particular. Data de fins do século XIX a criação, em 1899, da primeira creche ligada à Companhia de Fiação e Tecidos Corcovado, no Rio de Janeiro. No início do século XX, essas iniciativas se ampliaram: na Cia. de Tecidos Alliança, no Rio de Janeiro, na Vila Operária Maria Zélia, em São Paulo (1918), e na Indústria Sorocaba, do grupo Votorantim (1925). De todas as instituições, destaca-se a criação do Instituto de Proteção e Assistência à Infância do Rio de Janeiro (IPAI-RJ), fundado pelo médico higienista Moncorvo Filho, em 1899. Em 1922, a instituição tinha 22 filiais em todo o país, sendo onze delas de creches. A marca fundamental do IPAI foi a constituição, bem como a legitimação, do discurso médico higienista. Foi nessa condição que os cuidados com a criança pequena começaram a ser objeto de ações de cunho estritamente assistencial e se tornaram objeto de intervenção do Serviço Social.

> Ao conceberem que vícios e virtudes são, em grande parte, originários de ascendentes, o higienismo, aliado aos ideais eugênicos e à teoria da "degenerescência" de Morel, vai afirmar que aqueles advindos de "boas famílias" teriam naturalmente pendores para a virtude; ao contrário, aqueles que traziam "má herança" — leia-se, os pobres — seriam portadores de "degenerescências". Desta forma justifica-se uma série de medidas contra a pobreza (COIMBRA, 1998, p. 13).

Embora essa linha programática não fosse uma linha de política pública, ela se tornou um modelo de atendimento que perdurou por muitos anos, tendo se modernizado em alguns aspectos, mas mantendo uma continuidade no que diz respeito ao controle sobre as crianças e suas famílias.

As conexões ideológicas do modelo inicial de controle higiênico foram rapidamente assimiladas pelas experiências que se desenvolveram *a posteriori*, e o Serviço Social, inserido nesse período no movimento de reprodução mais ampla das relações sociais, expressava, em seu discurso e em sua prática, as condições necessárias ao exercício do controle higienista sobre as famílias, por meio de habilidades técnicas de estudos, entrevistas e visitas domiciliares. A ênfase na dimensão do fazer profissional mantinha a subalternidade institucional, mas, ao mesmo tempo, permitia o exercício do controle na distribuição das vagas e no disciplinamento das famílias. A creche era um dos espaços socioinstitucionais de expressão de uma forma específica de controle social, ou seja, por meio da higienização e da moralização dos pobres da classe trabalhadora, e se apresentava, no trabalho do assistente social, pelos seguintes eixos:

a. Rígido controle sobre os hábitos familiares da criança;
b. Concepção meritocrática da vaga, condicionando-a ao trabalho da mãe;
c. Controle sobre a maternidade, especialmente sobre o período de amamentação;
d. Disciplinamento sobre o modo de vida das crianças e de sua família, em especial sobre os seus hábitos higiênicos.

2

Serviço Social e educação infantil no século XX
Da higienização da pobreza à luta pelo direito

2.1. Interfaces do Serviço Social na perspectiva da educação compensatória: a modernização do higienismo e o trabalho compulsório como critérios de elegibilidade

> [Essa regulamentação das creches] não é a realidade brasileira! Então vamos fazer a creche pobre. Uma creche com o pé no chão, pé no barro. [...] a Unidade Casulo podia ser um anexo de uma escola, podia ser uma vila abandonada, podia ser um vagão ferroviário (PINTO, 2002, p. 3 *apud* CONCEIÇÃO, 2019, p. 675).

Entre as décadas de 1950 e 1980, observa-se um rápido crescimento do número de creches e de pré-escolas, com inúmeras e diversificadas experiências de atendimento. Ao final desse período, surgiram dois importantes ciclos que representaram forças sociais antagônicas que disputaram a hegemonia política na área. Por um lado, aqueles que conservavam uma perspectiva ideopolítica de manutenção de privilégios de classe e enfatizavam a educação para as classes trabalhadoras numa dimensão de tutela e favor no âmbito das políticas assistenciais; por outro, os que lutavam pela transferência de creches e pré-escolas para o campo educacional, inscrevendo-as nas políticas públicas com controle social, laicidade e publicidade. Essas forças sociais conflitivas experimentaram avanços, pactos em alguns municípios, rupturas em outros. Mas, no geral, podemos destacar que os dois ciclos foram historicamente definidos pela pressão política que transformou a educação infantil num dos mais dinâmicos polos de ação dos movimentos sociais no campo dos direitos da criança e da educação. Em prol da educação infantil no campo da assistência, tivemos fenômenos como o primeiro-damismo, que foi encampado pelas novas instituições sociais que surgiram após os anos 1950 no projeto de desenvolvimentismo, e o envolvimento de novas organizações sociais, que modernizaram o clientelismo e foram criadas sob a perspectiva conservadora de Reforma do Estado. Como consequência, tivemos uma expansão precarizada do atendimento para a faixa etária de zero a seis anos, principalmente para a creche, de zero a três anos.

A favor da educação infantil como primeira etapa da educação básica, tivemos educadores, movimentos sociais, representantes de pais, alguns gestores locais/dirigentes de educação e muitos defensores dos direitos das crianças. As principais implicações foram avanços na legislação, a obrigatoriedade da transferência da educação infantil para o campo da educação, concursos públicos para educadores, abertura de instituições, novas vagas, financiamento público para a educação infantil, entre outros. Podemos situar esses dois ciclos desta forma: o primeiro entre os anos 1950 e o processo de reabertura política; o segundo a partir desse momento, quando temos a consolidação do reconhecimento da educação infantil como um campo da educação.

Esses dois ciclos não se esgotam, eles se articulam e apresentam relações de ruptura e continuidade. *Grosso modo*, podemos afirmar que, durante o primeiro grande ciclo, havia três características que foram herdadas do período anterior, da emergência histórica da educação infantil, como campo de ação política, e algumas delas perduram até os dias de hoje em muitos municípios. São elas:

1. Pouca vinculação com as demandas da esfera do trabalho e da classe trabalhadora.
2. Perseverante presença da ideologia da higienização da pobreza e de moralização das relações entre a criança e sua família.
3. Filantropização da questão social associada à parceria público-privada.

Esses elementos se articularam tanto na justificativa do tipo de atendimento proposto quanto na intervenção dos profissionais do Serviço Social. Com relação à visibilidade e à qualificação da demanda, não se trata de qualquer criança, mas daquela que, vivendo em condições objetivas de desigualdade, não era/é categorizada como vadia nem abandonada e pode ser considerada na perspectiva de "futuridade da nação"; são filhos e filhas da classe trabalhadora, embora a demanda não fosse reconhecida como sendo a ela atribuída. Cuidar daquelas crianças significava proteger, moralizar, controlar e disciplinar as suas famílias, o que traduziu, durante muitos anos, o principal escopo do trabalho dos assistentes sociais.

No segundo elemento, observa-se a reprodução da articulação entre os saberes médicos higienistas com as práticas assistencialistas, que redundaram num complexo projeto de trabalho educativo para produzir consensos e estratégias de controle sobre corpos, hábitos higiênicos, alimentares e, na sequência, sobre relações socioafetivas.

Esses elementos guardavam estreitas relações com as interfaces do trabalho dos assistentes sociais, sobretudo nas visitas domiciliares e nos estudos sociais.

Em terceiro lugar, a predominância dos projetos assistenciais teve como tônica a perspectiva da parceria entre o Estado e as entidades filantrópicas, religiosas, sem fins lucrativos, o que se constituiu num campo de dissolução de reivindicações e despotencialização da concepção da creche e da pré-escola como um direito da criança e campo de luta da educação. Na efetivação dessa lógica, o Serviço Social criava critérios de seletividade fundamentados em estudos que individualizavam a questão social, reduzindo mães a pedintes, associando a necessidade da creche a males derivados da pobreza, da preguiça, do abandono do lar.

Na síntese desses elementos, observa-se que a convergência entre higienismo e assistência produziu tensões e ambivalências que se inscreveram nas representações e nas práticas institucionais, e se expandiram nos projetos de creche e pré-escolas. Essa expansão foi diretamente proporcional à precarização da oferta do serviço, principalmente no âmbito da assistência.

Após o golpe militar de 1964, tivemos essa expansão precarizada com continuidade de algumas políticas. Porém, com o processo de reabertura democrática, a educação infantil entrou em um novo ciclo de desenvolvimento, migrando definitivamente para a educação e associando-se a outras pautas de lutas por direitos para as crianças no âmbito da reestruturação do antigo Código de Menores.

No transcorrer do primeiro ciclo, tivemos uma expansão precarizada das creches, em que, às primeiras iniciativas vinculadas à Igreja católica e/ou ao empresariado, associaram-se instituições dos meios populares implementadas pelas grandes entidades assistenciais, entre elas, a Legião Brasileira de Assistência (LBA), criada em sequência ao engajamento do Brasil na Segunda Guerra. A LBA teve um papel fundamental no desenvolvimento de um amplo programa de creches no Brasil, vinculado à implementação de um complexo campo de intervenção na área da assistência social, que durou até a década de 1990 e foi responsável pela ampliação do mercado de trabalho dos assistentes sociais da época.

A LBA representou a associação entre a elite política, vinculada inicialmente ao primeiro-damismo, e se configurou como modelo do associativismo entre o público e o privado processado pelo discurso da ajuda aos mais pobres, sendo materializada por relações de poder clientelista, autoritário, de fragmentação de demandas sociais e desvios de verbas públicas para interesses privados.

A partir de meados da década de 1950, a LBA tornou-se a principal política de atendimento à mulher e à criança pequena implementada pelo governo federal. Estruturou-se nacionalmente por meio dos órgãos centrais, estaduais e municipais e ampliou, pelas parcerias, as redes assistenciais de atendimento com equipamentos e projetos desenvolvidos por instituições privadas de assistência, financiadas com recursos públicos. Entre esses projetos, destacavam-se os vinculados às creches. Assistentes sociais eram incorporados às equipes, ora atuando como coordenadores de projetos e/ou programas de voluntariado, ora como dirigentes de creches. Entretanto, dada a forte vinculação com a filantropia, a LBA era vista, pelo senso comum, como um espaço da ajuda, de fazer o bem, liderado por políticos, pelas primeiras-damas e pelos voluntários. Nos *Boletins da LBA* da década de 1940, o trabalho das assistentes sociais começava a ter visibilidade associado ao amparo espiritual e ao apostolado, completamente identificado com a direção ideológica e política da instituição e dentro dos preceitos da formação profissional dominantes na época:

> E a incumbência do Serviço Social é, precisamente, levar assistência espiritual, moral e jurídica, sem desprezar, naturalmente, os assuntos

que dizem respeito à Higiene Pré-Natal e infantil (*Boletim LBA*, n. 22, jan. 1947 *apud* FALCÃO; SPOSATI, 1989, p. 1).

"Se a assistente social é, realmente, cristã, o espanto, o temor, a timidez, os choques que o espetáculo dos desajustamentos sociais lhe inspiram se convertem numa grande inquietude que, unida ao Amor indispensável ao seu apostolado, as torna capazes de lutar contra a miséria, a injustiça, o ódio, e substituir tudo isto pelo bem-estar de cada homem, de cada criança que a Providência Divina pôs no seu caminho, dentro de sua profissão." Na verdade, aí está uma síntese, de cores fortes, da missão que uma assistente social é chamada a executar na hora presente (*Boletim LBA*, n. 73, dez. 1951 *apud* FALCÃO; SPOSATI, 1989, p. 9).

Serviço Social é uma forma de atividade social que visa, por meios técnicos apropriados, corrigir as deficiências dos indivíduos e de coletividades, colocando-os em condições normais de vida (*Boletim LBA*, n. 29, nov./dez. 1947 *apud* FALCÃO; SPOSATI, 1989, p. 9).

Entretanto, durante o processo de redemocratização, embora vários conflitos expressassem a luta de projetos societários antagônicos com reflexos nos debates que precederam a instituição da Lei Orgânica da Assistência Social e o Estatuto da Criança e do Adolescente (ECA), a LBA mostrou-se resistente ao processo de reforma administrativa que consolidasse um projeto democrático de gestão. A forte incidência ideológica e política como a "mãe dos pobres", com suas implicações nas relações de poder, refletia uma correlação de forças desfavorável a transformações mais fecundas, principalmente no trabalho com as crianças de zero a seis anos. Embora o debate sobre mudanças no campo da assistência já fosse vivo na sociedade, especialmente entre assistentes sociais, ainda havia uma cisão na instituição entre os sujeitos da assistência e os da previdência. Pode-se também argumentar que, em virtude dessa cisão, mulheres e crianças fossem predominantemente assimiláveis como sujeitos de assistência, destituídos, portanto, à época, de direitos.

SERVIÇO SOCIAL E EDUCAÇÃO INFANTIL

Nos anos 1970, a LBA foi incorporada ao recém-criado Ministério da Previdência e Assistência Social, e implantou o programa de Creches Casulo. Em 1983, firmou convênio com o Unicef (Fundo das Nações Unidas para a Infância), com o objetivo de dinamizar o atendimento à "criança carente" na faixa de zero a seis anos. Importante ressaltar que, nos anos 1980, ainda havia forte presença do pensamento higienista, que convivia com o debate sobre novas concepções sobre direitos sociais, e a luta pelo reconhecimento dos direitos daqueles que estavam abrigados nas ações assistenciais. Entretanto, esse debate ainda não tinha força junto à implantação do projeto Creche Casulo, e isso fica evidenciado no documento da proposta de atendimento à criança de zero a seis anos no que tange à relação mãe-filho:

> Tratando-se de mães de baixa renda, muito provavelmente, a sua desnutrição resultará numa desvantagem para o filho, que nascerá prematuramente e/ou com deficiência nutricional, expondo-o já de partida a maiores riscos de morrer. Após nascer, o relacionamento mãe-filho continua sendo sensivelmente prejudicado, uma vez que essas mães dificilmente encontrarão forças para atender paciente e afetivamente aos filhos quando por eles solicitadas (MPAS/SAS/UNICEF, n.p.).

A expansão das Creches Casulo se dava no contexto das lutas sociais pela redemocratização da sociedade brasileira dos anos 1980 e respondia a pressões por mudanças nas políticas públicas de assistência, educação e direitos da criança e do adolescente. Aqui situamos o início do segundo ciclo ao qual nos referimos neste capítulo. Ainda que as creches da LBA não sofressem efeitos diretos desses movimentos em termos de reformulação e/ou melhoria na qualidade do trabalho, esse debate começava a penetrar nas comunidades e a alimentar os educadores que participavam de outros movimentos sociais de base, abrindo o horizonte para novas frentes de luta que seriam consolidadas nas décadas seguintes, principalmente com a organização de movimentos sociais de base de creches[1].

Assim, para atender a todas essas demandas e pressões sociais, a LBA precisou elaborar um projeto de reordenamento institucional, em que o usuário passou a ser identificado como um cidadão e os serviços prestados como direitos. Nessa época, ampliaram-se as parcerias com muitas prefeituras e associações comunitárias e nelas foram inscritas muitas creches conveniadas. Contudo, essas mudanças não conseguiram se contrapor à cultura política dominante na LBA, com predominância de indicações políticas para cargos de chefias e superintendências, descontinuidade e rotatividade do quadro de funcionários, falta de recrutamento por processos seletivos por meio de concursos, entre outros. Todos esses elementos rebatiam na execução dos projetos de atendimento à criança de zero a seis anos.

Desde os anos 1950, a expansão do atendimento à criança de zero a seis anos abrigou um número expressivo de profissionais e, dentro das novas configurações técnicas e operativas da instituição, havia uma demanda diferenciada para o assistente social:

> Foi assim que o Serviço Social, dos sistemas desconexos dos tempos idos, assumiu o estágio vigoroso da atualidade, deslocando-se do plano da caridade e dever social, e focalizando os campos mais diversos: a maternidade, a infância, a família, a escola, a indústria, o comércio, a previdência social etc. Amplia-se, dia a dia, técnica e cientificamente (*Boletim LBA*, n. 82, abr./jun. 1956 apud FALCÃO; SPOSATI, 1989, p. 51).

---

1. No Rio de Janeiro, ocorreram dois importantes movimentos sociais: o Núcleo de Creches da Baixada e a Articulação de Creches de São Gonçalo, que tiveram relevante protagonismo na luta por melhores condições de atendimento e de convênios nas creches comunitárias a partir da década de 1970. Esses movimentos também ajudaram a fundar o Movimento Interfóruns de Educação Infantil no Brasil (Mieib) na década de 1990.

No manual básico de funcionamento, havia um capítulo inteiro dedicado à orientação familiar e comunitária, área desenvolvida pelos assistentes sociais. Nesse item, chama atenção os encaminhamentos jurídicos aos cartórios para a legalização de uniões entre casais que não tinham casamentos registrados. Havia uma demanda para o trabalho dos assistentes sociais junto aos voluntários, o que convergia com a expansão precarizada das creches, por meio da incorporação do trabalho comunitário e voluntário. Aqui, observa-se uma nova racionalidade para a função profissional de seletividade e de moralização das relações entre a creche e a família. A seleção das vagas passava a ter como condicionante a utilização do trabalho "voluntário" das famílias na manutenção dos equipamentos.

> A participação da família é desejada sob a simples contribuição ao nível de suas possibilidades, incluindo até mesmo um dia de trabalho na Creche Casulo, por parte do responsável, quando possível (*Boletim LBA*, n. 82, abr./jun. 1956 apud FALCÃO; SPOSATI, 1989, p. 51).

Nas creches, a elegibilidade da vaga era uma atribuição específica do Serviço Social que, após avaliar o atendimento aos critérios de seleção, fazia uma entrevista inicial e depois encaminhava a família para o setor de saúde. No projeto Creches Casulo, os critérios de seleção já não focavam o trabalho fora do lar da mãe, embora esse ainda fosse um condicionante. Os novos critérios de seleção eram:

- Ser *o pré*-escolar membro de família de baixa renda
- Ter, ou pretender ter, a mãe ou responsável atividade ocupacional fora do lar, de preferência
- Ter a família participação no programa
- Ser a família, de preferência, residente na comunidade onde se localiza a unidade operacional Casulo

- Em caso de haver mais de um pré-escolar na mesma família, a unidade Casulo deverá procurar atendê-los segundo as necessidades verificadas (*Boletim LBA*, n. 82, abr./jun. 1956 *apud* FALCÃO; SPOSATI, 1989, p. 17).

A participação da família no programa passou a ser uma condição para a obtenção da vaga; as famílias eram obrigadas ao trabalho voluntário gratuito como forma de diminuir os custos operacionais das creches. A expansão precarizada de creches e pré-escolas na LBA foi influenciada pelo modelo de voluntariado do Mobral — Movimento Brasileiro de Alfabetização —, que foi implementado pelo governo ditatorial em 1971 e extinto em 1985. O Mobral tinha larga experiência na utilização de trabalhadores locais como mão de obra explorada de suporte aos projetos de voluntariado. Sua expansão em todo o território nacional serviu como contraposição ao projeto de alfabetização popular desenvolvido pelos movimentos sociais de base, influenciados pela metodologia de Paulo Freire. Pensado como um projeto de rápida expansão, com custos reduzidos graças, sobretudo, ao trabalho voluntário e à utilização de espaços ociosos comunitários, o projeto Casulo potencializou a expansão precarizada de creches e pré-escolas em todo o território nacional. Em menos de quatro anos, atendia a quase um milhão de crianças pobres nas condições precárias de trabalho assistencial para a faixa de zero a seis anos. Era uma alternativa barata, pois se tratava de uma expansão precarizada:

> [...] tinha creche em navio abandonado, tinha creche em vagão, tinha creche em escola, tinha creche dentro de um clube [...] Criança é pequenininho, cabe em qualquer lugar — era uma graça (PINTO *apud* CONCEIÇÃO, 2019, p. 677).

O critério principal de acesso à vaga passaria a ser a pobreza, abordada e definida nos marcos das teorias da marginalidade em voga no período e que muito influenciaram na modernização conservadora do Serviço Social. A criança deixava de ser portadora de "taras hereditárias" e passava a ser portadora de "carências sociais". Essa nova abordagem trouxe para as práticas na área do Serviço Social e de educação uma análise circular da pobreza, fechada em si mesma, mas que teve uma singularidade: a introdução da variável renda na definição da pobreza (SILVEIRA, 2000). Assim, a creche surgia como uma possibilidade de superação da pobreza e era profundamente influenciada pelo pensamento hegemônico da educação compensatória[2].

As diversas modalidades de trabalho da LBA na área materno-infantil foram responsáveis pela consolidação de uma cultura política com profundos reflexos na maneira como a educação infantil destinada às classes trabalhadoras foi abordada durante muitos anos. Os principais marcos dessa cultura foram a precarização dos serviços, a desprofissionalização dos quadros técnicos, sobretudo dos que prestam atendimento direto à criança (educadores e recreadores), o uso clientelista da máquina institucional e a perspectiva da educação domiciliar[3]. Muitas dessas características estão sendo progressivamente superadas com o reconhecimento da educação infantil como campo de política pública educacional, outras assumindo uma perspectiva de modernização[4] conservadora dentro da diversidade de opções, entre elas, as da educação domiciliar.

Nos programas articulados em torno da LBA, essa lógica prevaleceu em diferentes projetos, com a organização de formas alternativas de assistência à criança, em creches domiciliares e nos centros comunitários infantis (CCIs). Essas experiências seriam apoiadas por

---

2. Sobre educação compensatória, remeto o leitor a Kramer (1984).
3. Essa modalidade é retomada após o golpe de 2016 com propostas do tipo *homeschooling*.
4. Essas modalidades surgiram no início do século XXI, sobretudo após o golpe de 2016, quando há uma expansão das vagas na educação pré-escolar associadas a programas como a educação domiciliar e as propostas de *voucher* para dinamizar as iniciativas privadas de baixo custo.

convênios entre LBA, fundações e instituições privadas de assistência. As creches domiciliares que foram implantadas em quase todos os estados brasileiros seriam desenvolvidas pelo trabalho das mães crecheiras ou guardadeiras, pessoas da comunidade que já desenvolviam algum tipo de trabalho dessa natureza. Na verdade, o que a LBA fez foi interferência e controle social nos pactos que já existiam entre as mulheres das comunidades que, na ausência de programas oficiais de creches, lançavam mão de diferentes soluções.

Em decorrência de constantes críticas provenientes dos técnicos da própria LBA sobre a precarização do desenvolvimento do programa de creches domiciliares, houve a indicação de que o programa fosse integrado aos Centros Comunitários Infantis (CCIs) para que lá dispusesse de uma proposta de atendimento psicopedagógico. Entretanto, os CCIs não conseguiam romper com a fragilidade e a precarização do atendimento domiciliar. Também eles seriam implementados em espaços adaptados, igrejas, salas ociosas de entidades assistenciais, clubes de serviços ou galpões criados para a prestação do serviço. Igualmente modernizavam a higienização desenvolvida em complexos programas de atendimento médico e sanitário, que incluía a atualização das vacinas, a prevenção e o controle de moléstias infecciosas e parasitárias, o acompanhamento do desenvolvimento físico e de um programa de nutrição e o controle sobre hábitos de vida das famílias. Com relação às atividades psicopedagógicas, só havia a indicação de que elas deveriam operar nas áreas cognitivas, afetivas e psicomotoras, sem um detalhamento da metodologia e das atividades que deveriam ser implementadas.

Outro programa alternativo lançado pela LBA foi o Proape — Programa de Atendimento ao Pré-Escolar —, que tinha como proposta integrar o atendimento entre profissionais e mães. Para cada cem crianças, havia a indicação de um profissional e de cinco mães[5]. En-

---

5. Este Programa era vinculado ao MPAS e vigorou nas décadas de 1970/1980.

quanto as creches domiciliares e os centros comunitários integrados atendiam à faixa de zero a seis anos, o Proape atendia à faixa de três a seis anos e 11 meses, seguindo a mesma orientação básica quanto aos cuidados de saúde, nutrição e psicomotricidade. Aqui, apesar de a criança ser concebida na lógica da privação cultural, ela começava a ter visibilidade como destinatária do atendimento:

> Adota-se, nas atividades pedagógicas, uma metodologia flexível, respeitando-se as condições físicas disponíveis nas escolas. Procura-se criar nas Unidades de Atendimento um ambiente onde a criança possa escolher as atividades conforme seu gosto, interesse, necessidades imediatas, visando a seu desenvolvimento global [...] A educação artística e recreação, compreendendo artes plásticas, música, expressão corporal, jogos e educação sanitária, são elementos de maior importância no desenvolvimento das atividades (PROAPE, p. 31).

Assim como a higienização foi modernizada pelos novos projetos sanitários e nutricionais, a LBA também modernizou o atendimento às famílias, inserindo o trabalho voluntário como condição para a vaga e como sinônimo de participação. Contudo, a lógica ordenadora das primeiras iniciativas de se atingir o controle da família através da criança teve perspectivas de continuidade e de avanços. O programa definia claramente que tinha por objetivo atingir a família das crianças, integrando-a em treinamentos e fornecendo-lhe orientações específicas sobre saúde, nutrição, higiene e "atitudes de um bom relacionamento, em benefício de seu lar [...] e, consequentemente, da comunidade" (PROAPE, p. 31). Os critérios de seleção das famílias que participariam tanto dos Programas de Creche Domiciliar quanto do Proape eram:

a. Famílias com renda de até dois salários mínimos;
b. Ter a família maior número de filhos em idade pré-escolar;
c. A família assumir o compromisso de participar das reuniões educativas.

Em 1984, a professora Maria Aparecida Ciavatta Franco (1984) desenvolveu uma pesquisa sobre o atendimento prestado a crianças inseridas nos programas da LBA, na faixa de zero a seis anos. O universo do seu estudo de campo abarcou as Creches Casulo próprias e conveniadas, creches lares, creches comunitárias e o Proape. Em todas as unidades estudadas, havia a presença da LBA, quer como principal gestora do serviço, por exemplo, nas Creches dos Centros Sociais, quer na manutenção de convênios. O título do trabalho da autora, "Lidando pobremente com a pobreza" (FRANCO, 1984), é revelador da precariedade do serviço prestado, principalmente pelas creches mantidas por entidades assistenciais privadas ou religiosas.

Uma das principais constatações da pesquisa foi que as creches mantidas diretamente pelo Estado eram qualitativamente melhores que as demais. Constatou-se, também, que as crianças recebiam melhor atendimento nas unidades que dispunham de mais recursos físicos e humanos. Outro importante aspecto demonstrado diz respeito ao papel da comunidade na prestação do serviço. Em alguns casos, esse envolvimento ocorria na forma de doações, em outros, na prestação de serviços. Era comum a utilização da mão de obra dos pais na construção de creches e/ou na manutenção do serviço. Além desse tipo de incorporação do trabalho dos usuários, havia o programa das creches lares, em que um maior número de moradoras/mães assumia diretamente a prestação do serviço em sua própria residência, em precárias condições de trabalho: não tinham vínculos empregatícios e recebiam uma irrisória remuneração. Outro problema constatado relacionava-se à provisão dos alimentos, desigual entre as creches mantidas diretamente pela LBA e as dos lares. A desoneração do Estado pela responsabilização da comunidade e dos pais pela prestação do serviço, a inadequação dos espaços ao tipo de trabalho, e a falta de um programa nutricional e educacional, assim como a falta de transparência na distribuição dos recursos seriam outros elementos que precarizavam o atendimento na área de zero a seis anos durante o domínio do programa da Legião Brasileira de Assistência, que durou até os anos 1990. Nessa década, a LBA, juntamente às demais grandes instituições centralizadoras das políticas sociais, sofreu o impacto do desmonte ordenado pelo neoliberalismo. Na época, emergiram inúmeras denúncias de desvio de recursos e corrupção.

Um elemento importante a se destacar no trabalho da LBA foi a profissionalização da assistência social. A ação isolada de médicos e voluntários, que então atuavam na área, foi gradativamente substituída por um corpo técnico e de profissionais especializados, que integravam as equipes multidisciplinares com seus respectivos saberes e práticas. O trabalho dos assistentes sociais passou a ser definido pela necessidade de se acelerarem as respostas ao agravamento das desigualdades sociais — que eram interpretadas como "expressões da pobreza" — e ao crescente número de crianças que eram consideradas em estado de abandono social. Ao assistente social, dentro das suas competências profissionais, cabia o estabelecimento de estudos para a seletividade de demandas com base em critérios "técnicos", ancorados no saber socialmente acumulado, que garantia nivelar as expressões da questão social a indicadores de pobreza, e as relações cotidianas da criança com sua família a expressões de disfunções, riscos e vulnerabilidades.

Muitos assistentes sociais passaram a desenvolver projetos de trabalho junto a outras equipes, articulados na lógica dos projetos conservadores e desenvolvimentistas que expressavam amplos programas de prevenção, nutrição e educação comunitária. As creches e os programas materno-infantis eram um campo potente de trabalho desse amplo projeto de educação das massas a favor do desenvolvimento. O Serviço Social projetava-se em programas educativos, e continuava a ter legitimidade na definição dos critérios de elegibilidade e no trabalho junto às famílias e ao voluntariado.

A LBA trouxe uma modernização conservadora do trabalho original dos pioneiros nas primeiras iniciativas das creches. No contexto de programas e projetos desenvolvimentistas, o discurso não era mais o da moralização, e sim da necessidade de se desenvolver um rigoroso programa educativo junto às famílias, em que se buscava desenvolver hábitos de higiene, organização doméstica, cuidado com as crianças, aleitamento etc. A base de tais iniciativas era a busca de um atendimento à população e aos segmentos, que se tornavam objetos das políticas assistenciais, por meio dos esforços desenvolvidos pelas equipes multidisciplinares em parceria com outras iniciativas locais, de acordo com o projeto desenvolvimentista integrado à ordem da acumulação capitalista do pós-guerra.

A LBA foi, assim, um polo irradiador de novas características no atendimento à criança de zero a seis anos para as classes trabalhadoras, que tinha como elemento central a expansão precarizada, com a presença de familiares como voluntários no lugar de técnicos, o uso de espaços adaptados para fins educacionais, a expansão comunitária por convênios e parcerias público-privadas, e a tentativa de organizar o repasse de verbas públicas, então racionalizadas por critérios "técnicos", que não conseguiram dissimular as falcatruas e desvios gritantes.

Essas características produziram uma nova racionalidade na apreensão da infância, redefinindo o lugar da criança nas políticas assistenciais. O discurso produzido elegia a pobreza como elemento determinante do lugar, a partir do qual a criança da creche passaria a ser abordada. Trabalhava-se com um "modelo" de infância (a da burguesia), que era apresentada como ideal e para a qual deveriam convergir as práticas educativas. Tínhamos aí instalada uma nova e irredutível processualidade: as "crianças carentes", filhas das classes "marginalizadas pelo capitalismo", eram concebidas como "inferiores e diferentes". Os programas de creches inseriam-se num conjunto de programas e projetos compensatórios que convergiam tanto na afirmação e na conservação do capitalismo quanto na necessidade de sua modernização. Essa concepção homogeneizadora de prática social arregimentava profissionais de Serviço Social que começavam a integrar equipes multidisciplinares de trabalho.

Entretanto, foi nessa mesma conjuntura que, paradoxalmente, foram gestadas algumas experiências que tiveram significativas repercussões, tanto do debate teórico quanto das práticas educativas nos anos seguintes. Foi o caso, por exemplo, da proposta contida no laboratório de currículos da Secretaria Estadual de Educação do estado do Rio de Janeiro, publicada em 1977, fruto de uma longa experiência de educadores dos anos 1970, que trouxe importantes avanços para a estruturação de uma prática sociopedagógica de qualidade, em que o jogo era apresentado como eixo central de toda a metodologia. Essa nova concepção encerrava uma confluência de forças políticas que se articulavam ao conjunto de lutas sociais no contexto do processo de redemocratização da sociedade brasileira, no qual a infância emergia como um importante campo de debate e ressignificação. Educação e Serviço Social se debruçaram sobre esses novos sentidos e entraram na disputa de novos campos para o debate político da educação infantil.

O principal deslocamento era a concepção do direito, que passava a ser da criança, e da educação, que passava a sintetizar uma nova unidade: a educação infantil, que deveria ser pública, gratuita e de qualidade dentro do campo da educação e não mais da assistência. Fechamos esse grande ciclo de transição da educação das crianças de zero a seis anos, entre os anos 1950 e 1980, com a emergência da democratização da sociedade brasileira, o protagonismo dos movimentos sociais e a grande pressão popular por direitos, especialmente na área dos direitos das crianças e nas políticas públicas em educação, saúde e assistência. O engajamento de profissionais, pais, representantes de movimentos sociais e um ambiente democrático permitiram uma radical mudança na legislação, com significativos avanços que redefiniram o trabalho dos assistentes sociais, sobretudo a partir da década de 1990.

2.2. Os anos 1990: a transição da assistência para a educação nos sistemas municipais de ensino

O que os anos 1990 trouxeram de novidade em toda a estrutura política e administrativa da área da infância e da adolescência foi o reconhecimento da criança como cidadã, portadora de direitos sociais, inclusive o de ser educada em creches e pré-escolas. Esses avanços expressaram o resultado da luta dos movimentos sociais que, durante os anos 1980, reivindicaram a mudança no paradigma da proteção social hegemônica, o que culminou na promulgação do Estatuto da Criança e do Adolescente de 1990. Ocorreu uma mudança formal na concepção e, pela primeira vez, a infância passou a ser reconhecida como um tempo em que há a necessidade de uma proteção especial, oferecida, prioritariamente, pelas famílias e, em sua ausência, pela sociedade e pelo Estado. Para que as famílias cumpram sua função protetiva, há a necessidade de uma rede social que articule políticas públicas de educação, saúde, saneamento, moradia, emprego e renda (NUNES, 2005).

A educação infantil refletia projetos societários em disputa no processo de redemocratização, com implicações na descentralização e na municipalização das políticas públicas. Essa disputa se apresentava em três grandes áreas: assistência, educação e direitos da criança e do adolescente.

Na assistência, o principal avanço para a educação infantil foi o seu reconhecimento como um direito de acesso garantido a todos os que necessitam dela, com caráter participativo e democrático. A assistência, regulada pela Lei Orgânica da Assistência Social (LOAS) é uma política não contributiva, responsável por prover mínimos sociais, integrada a outras políticas públicas e setoriais, que prioriza a proteção à família, à maternidade, à infância, à adolescência e à velhice, e o amparo a crianças e adolescentes carentes (artigo 2º, LOAS).

Visa contribuir para a universalização dos direitos sociais, permitindo o acesso a outras políticas públicas, garantindo o sentido de proteção integral a crianças pequenas e suas famílias. Um importante impacto da LOAS na educação infantil foi a desconstrução da ideia predominante da vaga como um favor e/ou benesse.

Na educação, houve duas importantes conquistas. Em primeiro lugar, tivemos o reconhecimento da educação infantil como primeira etapa da educação básica, integrando nesse ciclo o ensino fundamental obrigatório e o ensino médio. Esse reconhecimento tornou obrigatória a transferência de creches e pré-escolas para o órgão gestor da educação municipal. A Lei de Diretrizes e Bases da Educação de 1996 previu que é de competência da União, dos estados e dos municípios organizarem, em regime de colaboração, os respectivos sistemas de ensino, cabendo à União a coordenação da política nacional de educação, incumbindo-se também de estabelecer, em colaboração com estados e municípios, competências e diretrizes para a educação infantil (artigo 9º, IV). Em seu artigo 11, prevê que o município deve incumbir-se de oferecer educação infantil em creches e pré-escolas, incluindo, no seu sistema de ensino, tanto as instituições mantidas pelo poder público quanto as da iniciativa particular. A segunda conquista diz respeito à exigência de formação prévia para professores e educadores preferencialmente em nível superior, mas também aceitando a formação em magistério, em nível médio.

Na área dos direitos da criança e do adolescente, o ECA vinculou a vaga a uma garantia de direito, retirando de vez a associação entre o direito à educação infantil à necessidade oriunda do trabalho da mãe e/ou responsável. O ECA foi complementado pela Lei n. 13.257/2016, que dispôs sobre as políticas públicas para a primeira infância, definindo-a como a fase que cobre os seis primeiros anos da vida da criança ou os 72 meses iniciais. Essa Lei ressalta que a política deve ser articulada e sempre atender ao interesse superior da criança e à sua condição de sujeito de direitos; deve estar adequada aos diferentes ritmos de desenvolvimento e à diversidade da infância brasileira, condicionando-a às diferenças socioculturais; deve fomentar programas que reduzam as desigualdades sociais no acesso a bens e serviços, priorizando-se investimento público na promoção da justiça social; deve-se articular a dimensão ética e humanista da política a evidências científicas e ao profissionalismo no atendimento à primeira infância; deve ser participativa, descentralizada e, sempre que possível, promover a participação das crianças no debate sobre as políticas e as ações que lhes são dirigidas. A Lei destaca a importância da intersetorialidade das ações, preferencialmente articuladas em regime de cooperação entre os distintos entes da federação, em um comitê intersetorial de políticas públicas vinculado aos diferentes conselhos de direitos. Em seu artigo XIV, destaca os programas de apoio às famílias, incluindo as visitas domiciliares, que devem estar articuladas às áreas de saúde, nutrição, alimentação, assistência, cultura, trabalho, habitação e direitos, e ser realizadas por profissionais qualificados.

A articulação dessas três áreas de políticas sociais — assistência, educação e direitos — contribuiu para dar mais visibilidade à criança como um sujeito de direitos e potencializou a educação como um dos mais importantes campos de investimento público para a superação das desigualdades sociais.

A visibilidade da criança como um sujeito de direitos impôs um novo campo para a discussão e a formulação das ações políticas da educação infantil. O seu direito básico e fundamental é o direito à vida e a todos os direitos que a ela se associam: não ser violentada, ser ouvida, alimentada, ter habitação, ter acesso à educação, à saúde etc. Todos devem estar vinculados aos projetos de educação infantil, preferencialmente integrados por políticas intersetoriais.

O reconhecimento da educação infantil e sua articulação aos direitos da criança previstos no ECA trouxeram importantes avanços para a área. Entre eles, destacamos a elaboração do projeto político-pedagógico presente no *Referencial curricular nacional para a educação infantil*, publicado em 1998, que enfatiza, pela primeira vez:

> [...] o direito das crianças a brincar, como forma particular de expressão, pensamento, interação e comunicação infantil, e o respeito à dignidade e aos direitos das crianças, consideradas nas suas diferenças individuais, sociais, econômicas, culturais, étnicas, religiosas (BRASIL, 1998, p. 13).

Esse avanço está no reconhecimento da infância como um tempo da existência social centrada no jogo e na brincadeira, portanto o reconhecimento da infância como tempo improdutivo, livre e criativo. Ao mesmo tempo, são reconhecidas as diferenças socioculturais como constitutivas da singularidade da experiência de ser criança no mundo contemporâneo. Essa posição tem um impacto no caldo cultural do higienismo e da circularidade das concepções da infância com base na pobreza que, durante anos, dominaram as práticas e os discursos dos profissionais de educação e dos assistentes sociais.

2.2.1. Integração ou apartação? A educação infantil nos sistemas municipais de educação

A Lei de Diretrizes e Bases da Educação de 1996 também previu que, no prazo máximo de três anos, a contar da data da sua publicação, todas as creches e pré-escolas deveriam estar integradas aos sistemas municipais de educação, e os professores deveriam ter formação de magistério em nível médio ou com curso superior normal, implantado nos institutos de educação.

Entretanto, o processo de integração de creches e pré-escolas aos sistemas municipais de educação ocorreu muito lentamente, banhado por impasses, limites e contradições. Em geral, observamos que a municipalização não produziu os efeitos esperados em termos de melhoria na qualidade do atendimento e democratização da gestão. Isso ocorreu porque assistimos a uma "passagem" e não a uma política pública de integração que deveria estar fundada em princípios de participação popular, transparência, publicização de processos, resultados e critérios de monitoramento e avaliação (NUNES, 2004).

Essa passagem foi marcada pela coexistência antagônica de dois sistemas: um constituído por algumas creches e pré-escolas que já eram das redes públicas de educação; outro formado pelas instituições que foram transferidas das secretarias municipais de assistência e/ou de bem-estar social, e que integraram os sistemas municipais por meio de novos convênios.

Entretanto, essa coexistência conflituosa, movida pelas disputas de diferentes projetos societários, possibilitou a construção de um até então inédito sentido de educação infantil como integrante do campo da educação, portanto protagonista das lutas mais amplas da educação nos diferentes municípios. Esse novo sentido para a educação infantil tenderia a diminuir as ações clientelistas, vinculadas aos interesses de grupos locais articulados à filantropia e a redes comunitárias, apadrinhadas por políticos populistas e/ou lideranças religiosas, que se reproduziam sem qualquer tipo de controle das secretarias de educação locais. Esse novo campo de disputa política em nada tem sido consensual ou integrado, no sentido do ordenamento normativo. Cada município organizou uma legislação própria para a sua gestão, principalmente das creches (de zero a três anos); alguns optaram por uma renovação dos convênios com as entidades privadas sem fins lucrativos, que passaram a ser normatizados pelas secretarias de educação.

Nesse processo, é importante dar ênfase aos principais nós críticos que ainda impactam na educação infantil e, certamente, precisam ser considerados pelos assistentes sociais na formulação de seus projetos de trabalho. Em primeiro lugar, a municipalização ocorreu numa conjuntura muito paradoxal: o impacto da pressão para o aumento de vagas não resultou na ampliação da oferta de serviços públicos, mas em novas propostas de convênios. Essa miscelânea entre oferta de serviços, nas creches e pré-escolas públicas, provocou uma fratura no processo de trabalho dos educadores, com sérias repercussões na organização e na luta por direitos trabalhistas. Muito comum, nos diferentes municípios, encontrarmos trabalhadores que, para além da clássica disjunção entre "leigos" e "formados", coexistem, com diferentes vínculos empregatícios e identificações distintas: funcionários públicos concursados, funcionários contratados pelo estado para prestação de serviços por tempo determinado, prestadores de serviços terceirizados e, mais recentemente, contratados por Organizações Sociais. O sentido de identidade do trabalho dilui-se, e os meios e os fins do trabalho na área da educação infantil não aglutinam as forças necessárias para garantir carreira, concursos públicos, formação em serviço e identidade política e ideológica sobre o ato de educar nessa faixa etária.

Em segundo lugar e em decorrência da questão anteriormente apontada, consideramos que, por mais que os movimentos sociais tenham uma relevante presença na politização dos debates sobre a educação infantil em nosso país, não houve ainda a tradução de debates e avanços desses movimentos em uma agenda que de fato redefina os rumos dessa passagem ou que entre na negociação dos conflitos a ela inerentes. As tradições populistas, clientelistas e autoritárias que atravessam alguns interesses da cultura política local se presentificam nos sistemas municipais de educação, levando à despolitização do debate e esvaziando as possibilidades de um diálogo mais comprometido com uma educação infantil pública, laica, de qualidade e universal. Essas forças conservadoras são as que sempre estiveram na base do atendimento assistencial em razão das ações implementadas pelos setores ligados à filantropia.

Em terceiro lugar, podemos considerar que muitos municípios brasileiros, guardadas as heterogeneidades culturais e históricas, apresentam ainda certa "inserção passiva" da educação infantil na área educacional e, apesar de extremamente relevante, o sentido da educação infantil pública, gratuita e de qualidade ainda é muito incipiente. Provavelmente isso revele a fragilidade dos laços, que ligam a educação das crianças pequenas ao campo das lutas dos direitos sociais, e determine a modernização conservadora de velhas parcerias entre o público e o privado, agora remodeladas à luz das novas estratégias de convênios (NUNES, 2003).

Por fim, cabe salientar que o caminho até aqui seguido no processo de incorporação da educação infantil aos sistemas municipais de ensino revela que essa transição, seguindo a tradição política brasileira, tem sido feita pelo alto, com pouca interlocução com os sujeitos coletivos partícipes desse processo — sindicatos, grupos representativos de pais e de professores, fóruns populares de educação infantil, conselhos tutelares, de direitos das crianças, entre outros.

Assim, a integração da educação infantil aos sistemas municipais de ensino tem sido um processo marcado pela convivência antagônica entre a cultura política, assentada na premissa da benemerência, e novas formas de organização, que defendem a educação infantil como um direito da criança. Nesse tensionamento, os assistentes sociais vão construindo novas possibilidades de trabalho, com projetos profissionais que possibilitem a implementação de ações convergentes com o conjunto dos avanços sociais e políticos dos direitos das crianças de zero a seis anos por uma educação pública, gratuita, laica e de qualidade (NUNES, 2005).

3

O momento de ruptura

As novas configurações da Política da Educação Infantil e alguns desafios para o trabalho dos assistentes sociais

3.1. O impacto dos movimentos sociais na reconfiguração da Política Pública de Educação Infantil: o Movimento Interfóruns de Educação Infantil do Brasil (Mieib)[1]

Se existe um campo em que o movimento social impôs transformações na agenda das políticas públicas na área educacional, esse campo foi o da educação infantil. Nas décadas de 1980 e 1990, houve uma intensa mobilização nacional, da qual participaram muitos

---
1. As discussões presentes nesse item foram elaboradas com base no relatório final de pesquisa sobre o Mieib — CNPq, edital universal/2008.

assistentes sociais, pedagogos, educadores, psicólogos, professores, pais, leigos, organizados em coletivos, que lutavam contra a maneira como a educação em creches e pré-escolas vinha sendo implementada na sociedade brasileira, tanto em termos de propostas pedagógicas quanto de gestão de projetos e programas. Essa mobilização teve, na reunião anual da Associação Nacional de Pós-graduação e Pesquisa em Educação (ANPEd), realizada em 1999, uma agenda de debates da qual participaram representantes do Rio de Janeiro, Minas Gerais, São Paulo e Ceará, em que se decidiu pela criação do Movimento Interfóruns de Educação Infantil do Brasil (Mieib).

O contexto histórico da criação do Mieib foi marcado pela luta entre o projeto societário vinculado ao neoliberalismo que perpetrava a tradição tutelar e assistencialista da educação infantil, pactuado com novas perspectivas de privatização e terceirização, e o projeto vinculado ao campo democrático popular, que insistia no protagonismo da nova agenda de direitos sociais e no fortalecimento do Estado como impulsionador da abertura de novas escolas de educação infantil no campo da educação. As condições de trabalho dos assistentes sociais estavam dadas por esse contexto social, e as ações estratégias no campo da educação infantil precisavam estabelecer um diálogo vivo com as lutas dos movimentos sociais que enfrentavam a contrarreforma do Estado.

Os consensos produzidos pelo campo neoliberal eram bem familiares à educação infantil, contra os quais o Mieib logo se posicionou num projeto de ação que rompia radicalmente com eles. O que chama atenção nessa organização inicial é que os participantes pareciam entender que só uma articulação nacional, com representantes de diferentes estados da federação, seria capaz de organizar uma agenda de lutas ancorada em princípios que logo foram estabelecidos como orientadores do movimento. Entre eles, destacamos:

a. Garantia de vagas nos sistemas públicos de educação;
b. Reconhecimento do direito à educação infantil em instituições públicas, gratuitas e de qualidade;

c. Garantia de financiamento público;
d. Qualidade do atendimento;
e. Democratização do acesso e da gestão;
f. Formação inicial e continuada dos educadores e regulação da sua atividade.

Na definição desses princípios e critérios, foram organizados os principais pontos de sua agenda de luta que se desdobraram ao longo dos primeiros anos como pauta dos encontros nacionais/regionais e locais, e desenharam as bases de uma nova cultura política na educação infantil que associava a formação teórica à ação política. Lutava-se por melhores condições de atendimento nos municípios, bons projetos de formação acadêmica e planos de carreira, além de reconhecimento da docência dos primeiros anos da educação como integrante da carreira do magistério.

Havia a necessidade de enfrentar os desafios daquela conjuntura, e a atuação de um coletivo apontaria para o fortalecimento da educação infantil como campo de conhecimentos, de atuação profissional e de política educacional pública. Com essa linha de ação e reflexão, o Mieib entendia que não bastava certa igualdade formal/legal de direito; era preciso construir uma nova concepção de educação infantil para a superação das profundas desigualdades da nossa sociedade, logo percebida como frentes de mobilização e de luta, pois elas atravessavam as práticas cotidianas, as condições de trabalho, a formação dos educadores, a gestão e o financiamento.

O conjunto dessas estratégias definidas pelo Mieib precisava ser amparado por ações políticas na base das instituições de educação infantil. Mais uma vez, destaca-se o papel de muitos assistentes sociais que atuavam nas creches comunitárias vinculadas a associações de bairros e movimentos sociais locais de luta por creches. Esses profissionais estabeleciam alianças estratégicas com pais, lideranças e representantes de comunidades que alargavam as bases de apoio ao Mieib.

No conjunto das suas propostas, o Mieib produzia novas representações sobre o campo da educação infantil que, ao longo dos anos seguintes, reverberaram num renovado campo de ação teórica e política. Na dimensão teórica, sua ação incidiu nas inúmeras produções de teses, pesquisas, expansão de cursos de formação e especialização. Do ponto de vista da formação política, seu campo de ação desdobrou-se nas diferentes ações políticas locais e nacionais junto a parlamentares, nos movimentos de rua, nas coletas de assinaturas para fortalecimento de leis e petições, na presença junto a audiências públicas de educação infantil, na ação com ministérios, secretarias municipais, conselhos de direitos, entre outras. Em todas essas ações, a preocupação era garantir as conquistas legais, associando a elas a qualidade do atendimento nas esferas municipais, o financiamento, a formação docente e a democratização da gestão.

3.2. A expansão do Mieib: abertura de novos fóruns, encontros nacionais e principais conquistas

A estratégia de expansão do movimento ocorreu por meio da organização dos fóruns municipais/estaduais e/ou regionais, todos comprometidos em formar bases para debater temas que eram articulados aos propostos nos encontros nacionais. No primeiro ano de organização, em 1999, houve quatro encontros: Caxambu (setembro de 1999), Belo Horizonte (outubro de 1999), Rio de Janeiro (novembro de 1999) e São Paulo (dezembro de 1999). Nesse período, foram lançados os princípios e as estratégias "de ampliação das articulações e de apoio financeiro". Essas estratégias serviriam para o alcance dos principais objetivos do movimento: mobilização e articulação nacional, formação da consciência coletiva sobre a importância da educação infantil e construção da interlocução com ministérios, secretarias, conselhos, movimentos sociais e gestores educacionais. A vontade política de produzir mudanças na correlação de forças e alcançar objetivos comuns com relação à educação infantil foi tomando corpo e assumindo práticas concretas de ação. Num espaço social tradicionalmente marcado pela precarização e por certo fatalismo nas ações cotidianas, o Mieib conclamava a sociedade para a tomada de posição política articulada à produção crítica de conhecimentos na área. Intelectuais, pesquisadores e educadores organizaram redes de intercâmbio que logo se tornaram um campo vivo de trocas. Os encontros nacionais, regionais e locais iam se adensando como espaços de debates, formação e politização (NUNES, 2009).

O ano 2000 foi bastante significativo em termos de expansão e organização do Mieib; ao todo foram cinco encontros nacionais. A partir do V Encontro (em Curitiba, fevereiro de 2000), houve um rico movimento no sentido de dar visibilidade ao Mieib e à sua agenda de lutas, numa ação que cada vez mais assumia uma dimensão coletiva. A partir do VI Encontro (em, Fortaleza, 2000), o Mieib assumiu um perfil de movimento que buscava não apenas o confronto com o Estado, mas também a participação negociada junto a políticos, conselhos e ministérios, para incidir diretamente na construção da política. Essa tendência ficou evidenciada no IV Encontro Nacional, quando o Mieib foi convidado a elaborar documento e integrar a equipe de discussão sobre a regulamentação da educação infantil. A discussão desse documento envolveu os participantes que, por meio de destaques e debates, apresentaram sugestões ao texto original.

Nesse encontro, tivemos a presença de pesquisadores e professores universitários, que debateram o tema da formação, e foi planejado um curso de liderança e gestão pública em política de educação infantil. Interessante observar que, apesar dos consensos em termos de princípios e objetivos, nesse encontro, ocorreu a primeira polêmica sobre a natureza do fórum: "espaço de formação ou 'extra-acadêmico'". Nesse encontro, foi também discutida a necessidade de se organizar a memória do movimento.

Outra importante incidência do Mieib ocorreu nas discussões com outras entidades, entre elas a Organização Mundial para a Educação Pré-escolar (Omep) e conselhos municipais e estaduais de direitos, para debater compromissos de futuros prefeitos e vereadores com a causa da educação infantil pública, gratuita laica e de qualidade.

Durante todos esses anos, o Mieib tem sido reconhecido como um interlocutor na elaboração de políticas públicas, com significativa participação em grandes eventos e embates nacionais, em que o foco de discussão seja a educação infantil. Integrou comissões e Grupos de Trabalhos (GTs) de estudos sobre a elaboração dos planos de educação (nacional e municipais), grupos de estudo sobre a oferta de educação infantil no campo, indicou membros de comissões de estudos sobre educação infantil em diferentes níveis e instâncias de políticas públicas, inclusive de formação docente. Fez parte da comissão de estudos sobre a integração das creches aos sistemas municipais de educação e participou ativamente dos debates e das ações políticas a favor do financiamento público para a educação infantil.

Com o transcorrer dos anos, a perspectiva de conciliar o debate teórico com uma pauta de ação política evidenciou a presença de forças diferenciadas e em luta no interior do movimento. Como principais elementos dessa disputa, destacamos o debate sobre a institucionalização do movimento *versus* a ideia própria da cultura política do movimento social de não ser institucionalizado; a relação público-privada sem fins lucrativos (creches filantrópicas e comunitárias) no contexto da luta por financiamento e por políticas públicas; a relação dos fóruns estaduais com o Mieib, em termos de representatividade e encaminhamentos de demandas; a sustentabilidade do Mieib e dos fóruns estaduais mantendo a autonomia do movimento; a natureza do próprio movimento — se acadêmico/formativo ou não. Como principais elementos do debate operacional, destacamos a organização interna do movimento, composição do grupo gestor, relação com a secretaria executiva, comunicação interna, relatórios financeiros e a divulgação e a comunicação externas junto à mídia e à sociedade em geral (NUNES, 2009).

As principais conquistas do Mieib e dos fóruns municipais/estaduais e regionais foram o reconhecimento da educação infantil como primeira etapa da educação básica; a inclusão da educação infantil no financiamento da educação; a organização das Diretrizes Curriculares Nacionais para a Educação Infantil (DCNEIs); a organização dos parâmetros nacionais de qualidade para as instituições de educação infantil; a elaboração do Programa Nacional de Reestruturação e Aquisição de Equipamentos para a Rede Escolar Pública de Educação Infantil (Proinfância); a elaboração da Política Nacional de Educação Infantil do Campo. Hoje, o Mieib é composto por 26 fóruns estaduais e um no fórum distrital.

Depois da implementação da Lei n. 13.257/2016, que estabeleceu a organização das políticas públicas para a primeira infância, o grande desafio dos fóruns tem sido integrar os programas municipais de atendimento à primeira infância para a implantação dessa lei, preservando as conquistas do campo da educação infantil, associando-as às demais esferas das políticas.

3.3. A educação infantil no Plano Nacional de Educação

O Plano Nacional de Educação (PNE), sancionado pela Lei n. 13.005/2014, sem vetos pela presidenta Dilma Rousseff, incorporou a educação infantil ampliando o escopo de sua discussão e abrangência. Essa nova versão revelou a influência dos movimentos sociais organizados, em especial do Mieib e da Campanha Nacional pelo Direito à Educação, que atuaram em todo o país na defesa de seus princípios, meios operacionais e fontes de financiamento.

A incorporação da educação infantil ao PNE foi resultado de muitos anos de lutas e conquistas na área. Desde 1988, a Constituição estabeleceu que a educação deveria ser planejada por planos plurianuais. Em 2010, foi realizada a Conferência Nacional da Educação, com intensa participação da sociedade civil e antecedida pelas conferências estaduais. Houve o encaminhamento de uma proposta alternativa para o I Plano Nacional de Educação a partir de uma forte pressão e mobilização social em torno do movimento "PNE Pra Valer", que pleiteava financiamento público para a educação infantil. O principal eixo da mobilização era a garantia de 10% do PIB para o financiamento da educação. O I Plano Nacional de Educação, aprovado pela Lei n. 10.172, de 9 de janeiro de 2001, teve vigência entre 2001-2011.

O II Plano Nacional de Educação (PNE) teve uma longa tramitação, que acionou diferentes forças políticas representadas por movimentos sociais, partidos políticos de diferentes tendências e grupos financeiros ligados à educação, que a concebem como mercadoria e não como um bem público. Essas mobilizações se fizeram presentes nas conferências municipais e estaduais que antecederam a Conferência Nacional de Educação (Conae) de 2010, a qual desenhou uma proposta de educação que sintetizava as discussões das conferências preparatórias. Mais uma vez, destaca-se o papel dos movimentos sociais vinculados à educação infantil, em especial dos fóruns municipais, estaduais e do próprio Mieib no protagonismo de discussões e na defesa da educação infantil como agenda de políticas públicas sob responsabilidade do Estado e a cabo das secretarias municipais de educação. Importantes conquistas foram conseguidas, como a aprovação do Custo Aluno-Qualidade Inicial (CAQi) e a destinação e 10% do PIB para a educação, embora essas conquistas não tenham assegurado todas as reivindicações expressas na Conae de 2010.

Na educação infantil, o CAQi é estratégico, pois permite melhorar a qualidade do atendimento, além de assegurar critérios de qualidade na educação apropriados para crianças pequenas. Incluem-se o financiamento de formação para o exercício do magistério — o que é um debate extremamente importante para a educação inicial, no qual ainda há muitos educadores leigos —, a adequação do número de crianças atendidas por faixa etária, o acervo de livros e brinquedos apropriados para a educação infantil.

Para o assistente social que elabora seus projetos de trabalho na educação infantil, o PNE aprovado em 2014, que vigorará até 2024, salienta alguns elementos que devem ser problematizados:

a. Desde 2016 — portanto, dois anos após a aprovação do PNE —, não é mais permitida a indicação de diretores para as unidades públicas de educação, inclusive as de educação infantil. Os cargos são eletivos e alcançados por concurso público.

b. Os prazos para a execução das metas foram projetados de forma diferenciada para os diferentes níveis de educação, de acordo com o censo escolar, a Pesquisa Nacional por Amostra de Domicílio (PNAD) e o censo populacional. A meta para a educação infantil era universalizar a educação pré-escolar até 2016 e atender, até o final da vigência do plano, 50% das crianças de até três anos de idade.

c. Houve a indicação de melhoria na captação dos dados das pessoas com deficiência, principalmente a partir dos quatro anos de idade, em que incide o início da obrigatoriedade.

d. Diferentes instâncias governamentais e não governamentais foram incumbidas de fiscalizar o cumprimento das metas do PNE: Ministério da Educação (MEC), Comissão de Educação da Câmara dos Deputados e Comissão de Educação, Cultura e Esportes do Senado, Conselho Nacional de Educação e Fórum Nacional de Educação.

e. A cada dois anos, o Instituto Nacional de Estudos e Pesquisas Educacionais Anísio Teixeira (Inep) deverá divulgar estudos e pesquisas sobre a implementação das metas por ente federado.

f. Era previsto o investimento no resultado de compensação financeira dos recursos oriundos da exploração do pré-sal e do gás natural em educação. Esse quesito ainda não foi aprovado, e há uma intensa disputa em torno do debate entre União, estados e municípios.

g. Todas as instâncias governamentais deveriam elaborar seus planos próprios de educação em consonância com o PNE no prazo de um ano, após a aprovação do plano (junho de 2014), e, em todos, deveria haver ampla participação da sociedade e das comunidades educativas. Os planos municipais deverão ocorrer a partir de conferências municipais por segmento/área de educação.

h. Todos os entes federativos deverão aprovar a legislação que garanta a gestão democrática das unidades de educação públicas.

3.4. O Referencial Curricular Nacional para a Educação Infantil (RCNEI)

No início de 1998, foram enviados 230 pareceres sobre o Referencial aos 700 especialistas da educação infantil para avaliação. Envolveram-se no processo de elaboração muitos profissionais de campo, pesquisadores e intelectuais de todo o país.

O Referencial foi organizado em três volumes. No primeiro, apresentam-se uma reflexão e uma síntese com diferentes fundamentações sobre crianças, profissionais, instituições que subsidiaram a elaboração dos objetivos que balizaram a organização dos demais volumes. Nos volumes dois e três, são apresentados os eixos de trabalho que compõem cada um dos espaços de experiências: formação pessoal e social e conhecimento do mundo (AQUINO; VASCONCELLOS, 2005). O debate crítico sobre o Referencial inseriu-se no contexto da Reforma do Estado e, por conseguinte, sua organização enquadrava-se na perspectiva de redução do papel do Estado na educação. Muitas ações estavam enlaçadas nessa lógica, entre elas, Aquino e Vasconcellos (2005, p. 102) destacam a extinção das delegacias regionais do MEC (Demecs), que, "sediadas em todas as capitais estaduais do país, faziam o papel de interlocução, orientação e suporte técnico para os sistemas regionais de ensino (estaduais e municipais)". Com o fim das Demecs, o governo tinha a intenção de abrir um canal direto de comunicação entre as bases de profissionais e o MEC, utilizando-se, para tal, de linhas telefônicas instaladas para essa finalidade. Não obstante essa abertura de comunicação, professores e usuários foram reduzidos a meros espectadores e consumidores, sem uma participação efetiva na tomada de decisões.

Um ponto relevante destacado pelos defensores do RCNEI foi a superação de uma concepção homogênea de infância e educação, abrindo espaço para a expressão do multiculturalismo e a pluralidade de nossa sociedade. Porém, segundo Aquino e Vasconcellos (2005, p. 104), essa tentativa não foi efetivada em partes importantes do Referencial, que trouxeram a marca "da educação formal, tradicional, a qual visa, em última instância, à aquisição de conteúdos. Esse modelo educacional traz a face da classe média urbana, onde frequentemente se observam uma extrema preocupação e supervalorização da escrita e de conteúdos escolares, fazendo um arremedo do ensino fundamental".

Outra importante crítica foi sobre o papel do MEC na elaboração do Referencial, considerando que esse papel caberia ao Conselho Nacional de Educação. Além disso, pelo fato de ter sido dirigido aos municípios, muitos o tomaram como um currículo com obrigatoriedade de ser seguido e com o risco de serialização da educação infantil, dentro de patamares do ensino fundamental. Nesse contexto, o Referencial acabou se tornando uma referência para o currículo na educação infantil.

3.5. As Diretrizes Curriculares Nacionais para a Educação Infantil

A Resolução n. 5, de 17 de dezembro de 2009, fixou as Diretrizes Curriculares Nacionais para a Educação Infantil. A ideia de currículo, nessa etapa da educação, assume uma particularidade diferente daquela das demais etapas. Ela é concebida a partir do reconhecimento de que a criança deve acessar experiências que articulem diferentes dimensões de conhecimento, que fazem parte do patrimônio cultural, artístico, ambiental, científico e tecnológico, numa perspectiva de desenvolvimento integral.

As Diretrizes trabalham na perspectiva da obrigatoriedade da educação a partir dos quatro anos, como primeira etapa da educação básica. Porém, a meta de universalização do PNE provocou em muitos municípios a redução da carga horária dessa etapa, o que potencializou a criação de programas complementares de atividades de contraturno escolar, ligados à assistência social. Ao mesmo tempo, deve-se considerar que a obrigatoriedade da matrícula aos quatro anos não deve servir de impedimento para o ingresso na educação fundamental, direito da criança e obrigação do Estado. Embora a matrícula em creche não seja obrigatória, o documento normativo chama atenção para o fato de que toda a etapa da educação infantil, portanto, creches e pré-escolas, deve ser oferecida em espaços institucionais não domésticos e em horário diurno. Há a definição de uma carga horária mínima de quatro horas para o meio período e de oito horas para o período integral, sem definição de limite máximo de permanência, o que deve ser deliberado por alguns conselhos municipais de educação.

Para o trabalho do assistente social, é importante conhecer as diretrizes e incorporá-las no seu projeto interventivo para garantir os direitos da criança, tanto no interior das instituições quanto no acesso às etapas subsequentes. Trazer para os formuladores das propostas pedagógicas a história de vida das crianças, das comunidades, dos grupos étnico-raciais, discutir os direitos e relacionar às propostas e à execução dos currículos são tarefas que envolvem a equipe interdisciplinar, em que o assistente social tem importantes contribuições. Uma delas é ajudar na compreensão de que a implementação das diretrizes não é mecânica, que deve ser mediada por um conjunto de estudos sobre as relações que atravessam o cotidiano das instituições e das famílias, e que se organizam na estrutura das raízes históricas da desigualdade da sociedade brasileira. Um profissional de Serviço Social atento a investigações e pesquisas sobre modos de vida, de ser, de ação política local, de relações comunitárias e institucionais presentes no município, participativo de fóruns e conselhos de direitos, muito tem a contribuir na discussão sobre a relação entre a questão social e as propostas curriculares a serem implementadas nas unidades de educação infantil.

Portanto, estamos diante de diretrizes dotadas de um potencial elemento dinamizador do debate e da ação política que ultrapassa a mera transmissão de saberes; estamos diante da possibilidade de circunscrever o projeto de trabalho do profissional de Serviço Social numa dimensão em que a teoria, a técnica e a política estejam interligadas e articuladas à concepção de infância, de educação e de sociedade, referendadas no pensamento crítico e transformador.

Nesse sentido, aos assistentes sociais cabe discutir e problematizar as condições sociais, culturais e políticas de implementação, execução e avaliação das diretrizes, em conjunto com outros trabalhadores da educação. Deve estabelecer como requisito formal a universalização e o respeito dos direitos humanos, e dos direitos da criança às suas diferentes concepções e relações familiares, comunitárias e étnico-raciais.

A criança chega à instituição de educação infantil portando um conjunto de saberes e de relações que precisam ser conhecidos e discutidos pelos educadores para que sejam, de alguma forma, integrados ao projeto político-pedagógico. No contexto da educação infantil, a criança precisa ser incorporada às práticas curriculares na totalidade de suas relações, considerando que as relações sociais são contraditórias, pois também são reprodutoras de contradições. As diretrizes devem permitir a organização do espaço da educação infantil a partir da criança entendida não como um sujeito estático de direitos, mas como um sujeito que se move num mundo adultocêntrico, complexo e organizado a partir de relações sociais. A ideologia do favor, ainda muito presente entre nós, não pode ser absorvida e modernizada por diretrizes curriculares que engessam o mundo real e seu movimento histórico de transformação.

Assim, diretrizes curriculares e direitos estão intimamente vinculados. Não basta o professor ter acesso, por exemplo, a um conjunto de materiais e espaços organizados para a faixa etária de zero a seis anos, se ele não compreende que a sua prática educativa está inscrita na organização de uma experiência única de a criança estar no mundo de relações que produz sentido, para sujeitos ativos, partícipes e transformadores. As diretrizes devem traduzir uma visão de mundo, e deve-se abolir qualquer falsa pretensão à neutralidade cognitiva. Ao associar-se a experimentos que são oferecidos à criança, elas portam relações sociais, afetivas, ideológicas e políticas, além das cognitivas. Ao entrar no espaço de educação infantil e experimentar diferentes situações de conhecimento do mundo, potencializadas pelas diretrizes, a criança inicia a trajetória de construção da sua sociabilidade, que não é aquela de suas relações familiares imediatas. Esse é um importante vínculo entre a educação infantil e o mundo político, ao qual o assistente social deve articular seu projeto de trabalho.

Outra significativa contribuição do assistente social ao trabalho educativo com referência às diretrizes é interpretar, para a família, a proposta pedagógica da instituição, levando-a a discutir, compreender e, se possível, colaborar na sua organização, implementação e avaliação. A tradução do projeto pedagógico que implementa as diretrizes é muito relevante para que as famílias entendam a particularidade da educação infantil, especialmente a sua dimensão não escolarizável, e sejam copartícipes. Essa interpretação é relevante, sobretudo, quando é necessário que os pais entendam que o acesso ao conhecimento, nessa faixa etária, ocorre pela experimentação e pela significação, e que esses elementos devem ser centrais na proposta pedagógica.

Para as crianças pequenas, não importa acumular conhecimentos formais e sistematizados, mas experimentar diferentes formas de apreender relações sobre o conhecimento do mundo. Correr, pular e dançar são formas muito mais ricas de conhecer o mundo na educação infantil do que saber contar, falar inglês e decorar as capitais brasileiras, por exemplo. A criança aprende por aproximação e por um complexo processo de desvendamento das relações de conhecimento por abstrações, diferente, portanto, da maneira como o conhecimento é organizado no currículo das séries posteriores. O que não significa que a prática educativa não seja intencional e planejada, conforme as áreas de interesse e as atividades. Na organização da proposta pedagógica, o assistente social deve sempre ser um orientador sobre todas as questões que envolvem os direitos da criança e da família no interior da instituição de educação infantil. Se a família compreende a proposta pedagógica, ela tende a ser mais participativa e a defender as bandeiras de luta da educação infantil como etapa inicial da educação, que deve ser oferecida em espaços não domésticos, por profissionais formados e com financiamento público garantido em lei.

3.6. A educação infantil no Fundeb

Outra importante conquista do campo da educação infantil foi a garantia do financiamento público que envolveu uma ampla mobilização dos movimentos sociais, dos coletivos das creches, de educadores e pais. Criado em 2007, o Fundo de Manutenção e Desenvolvimento da Educação Básica e de Valorização dos Profissionais da Educação (Fundeb) foi renovado pela Lei n. 14.113, de 25 de dezembro de 2020. É o principal mecanismo de financiamento da educação básica, e a lei aprovada dobrou os investimentos da União em educação dos atuais 10% para 23%, o que só será plenamente alcançado em 2026. Muitos municípios que não recebem complementação da União serão, a partir da nova lei, contemplados e, dependendo dos mecanismos de gestão do fundo, da democratização das informações e do controle social, poderá haver uma melhoria na oferta da educação pública, principalmente nos itens financiados pelo Fundo: pagamento de professores e o desenvolvimento e a manutenção de todas as etapas da educação básica — creche, pré-escola, ensino fundamental, ensino médio e educação de jovens e adultos.

O Fundo reúne parcelas de impostos estaduais e municipais, e recebe uma complementação da União. Cada unidade da federação tem um fundo que funciona como uma conta bancária coletiva, em que entram recursos de diferentes impostos. Seguindo uma série de regras, o valor total é redistribuído de acordo com o número de alunos da educação básica pública. A União faz a complementação para estados e municípios que não conseguem atingir o valor mínimo a ser gasto por aluno no ano. Cada etapa de ensino tem valores diferentes estabelecidos; muitos estados e municípios dependem desse fundo para a manutenção de suas redes.

O Mieib, junto a outros coletivos, iniciou uma ampla mobilização para garantir a inclusão das creches no financiamento do Fundeb. Em julho de 2005, no XV Congresso Brasileiro de Educação Infantil, em Fortaleza (CE), foi assinado um documento de mobilização nacional com uma pauta de lutas específicas sobre a inclusão das creches no Fundeb, em conjunto com a Organização Mundial para a Educação Pré-escolar (Omep/Brasil), a União Nacional dos Dirigentes Municipais de Educação (Undime), a Pastoral da Criança, os Fóruns de

Educação Infantil e as Instituições de Ensino Superior. Esse documento foi o dispositivo que permitiu a organização de uma pauta nacional de debates sobre as creches (de zero a três anos), desencadeando um amplo movimento nacional intitulado "Fundeb pra Valer", que teve ampla participação de movimentos de base vinculados a creches comunitárias. A exclusão do financiamento para as creches indicava um perigoso aprofundamento das desigualdades sociais e étnico-raciais no Brasil, pois 70% das crianças que frequentam creches públicas e comunitárias conveniadas com as prefeituras são pobres e negras. As ações que foram desenhadas por essa iniciativa incluíam:

1. Identificação do maior número possível de organizações governamentais e não governamentais que tinham interesse na causa da criança brasileira, na área dos direitos em geral e, em particular, do direito à educação, à saúde, à assistência social, ao direito de brincar, da convivência familiar etc.
2. Organizações locais e municipais:
    a. Associações de moradores, de pais, de mulheres, associações de luta por creche, movimentos comunitários, Apaes (Associações de Pais e Amigos dos Excepcionais), Pastoral da Criança, Igrejas, rádios comunitárias...
    b. Câmara de Vereadores, Secretarias Municipais de Educação, de Saúde, de Serviço (ou Desenvolvimento) Social, Conselho Municipal de Educação, Conselho Municipal dos Direitos da Criança e do Adolescente, Conselho Tutelar, Omep municipal, sindicatos, clubes de serviço (Rotary, Lions), emissoras de rádio, jornais.
3. Organizações de atuação estadual:
    a. Fórum de Educação Infantil, Federação Estadual da Omep, Undime Estadual, Conselho Estadual de Educação, Conselho Estadual dos Direitos da Criança e do Adolescente, Juizado e Promotoria da Infância e da Adolescência, Escritório Regional

do Unicef, Assembleia Legislativa, Instituições de Ensino Superior (universidades, faculdades, institutos superiores de educação...), OAB-seção estadual, sindicatos, associações de profissionais...
  b. Emissoras de rádio e jornais, "Associação" Rádio pela Infância...
4. Organizações de atuação nacional:
  a. Mieib, Omep, Undime, Unicef, Unesco, Fundação Abrinq, Andi, Fenaj, SBP (Sociedade Brasileira de Pediatria), Pastoral da Criança, OAB, Centrais Sindicais, Fenapae...
  b. Governamentais (só apoio tácito).
5. Formação de "redes" de comunicação e de ação conjunta, nos três âmbitos (municipal, estadual e nacional), com três objetivos: circular informações, dados, novidades, possibilidades; ganhar visibilidade social e nos meios de comunicação; aumentar o poder de pressão política.
6. Disseminar informações sobre a PEC do Fundeb e a exclusão da creche entre essas organizações, movimentos e serviços.
7. Escrever textos de subsídio para debates, argumentação e convencimento (sempre levar um pequeno texto para distribuir ou entregar às pessoas para ampliação das alianças).
8. Desenvolver um trabalho com os meios de comunicação social (principalmente rádios e jornais).
9. Circular mensagens pela internet com abaixo-assinados e frases fortes.
10. Panfletar (em praças, *shoppings*, ruas, escolas, igrejas e instituições de educação infantil).
11. Colocar faixas em locais em que os políticos e o povo em geral as vejam.

12. Ações no âmbito do Poder Legislativo (Câmara dos Deputados):
   a. Tentar o compromisso do(a) deputado(a) em quem votamos, de nossa região, de nosso estado, de defender a inclusão da creche no Fundeb;
   b. Identificar e manter contato com os(as) deputados(as) sensíveis à causa da criança (ex-secretários de educação, ex-secretários de assistência social, professores, médicos, advogados, psicólogos, membros da Comissão de Educação, da Comissão da Família, da Comissão de Saúde..., membros da Frente Parlamentar da Criança etc.);
   c. Abarrotar a caixa-postal eletrônica de um bom número de deputados com pedido de apoio à inclusão da creche; alertar sobre o risco da exclusão e sobre a injustiça provocada por ela, com notícias do movimento social, com a perspectiva da repercussão positiva ou negativa da posição que ele ou ela tomar para a próxima eleição (em outubro de 2006);
   d. Preparar uma emenda (ou mais de uma) à PEC que visa à substituição da expressão "pré-escola" por "educação infantil" ou a inclusão da expressão "creche" antes de pré-escola no parágrafo que explicita que matrículas serão contempladas na distribuição dos recursos e apresentá-la aos(às) deputados(as);
   e. Fazer uma campanha intensa para obter o maior número possível de assinaturas à emenda;
   f. Assistir às reuniões da Comissão Especial da PEC do Fundeb, divulgar em toda a "rede" o que é discutido e informar sobre o que está sendo percebido nesse tema da creche;
   g. Participar das Audiências Públicas da Comissão Especial (o Presidente da Comissão convida, mas é importante estar em contato com a Assessoria da Comissão para sugerir nomes de bons defensores da causa da inclusão da creche);

h. Manter contato frequente com o Relator da PEC na Comissão Especial e com os consultores legislativos e de orçamento que vão assessorar a Comissão;
i. Pedir audiência com o Presidente da Comissão Especial;
j. Pedir audiência com o Presidente da Câmara dos Deputados;
k. No dia da apresentação do Parecer do Relator, comparecer à reunião da Comissão Especial;
l. Promover eventos no recinto da Câmara dos Deputados, convidando alguns ardorosos defensores da inclusão da creche para falarem (solicitar espaço com antecedência. Às terças e quintas-feiras, é possível obter boa repercussão. Pedir autorização da Administração Geral da Câmara dos Deputados para colocar cartazes em lugares de visibilidade; talvez na porta dos gabinetes dos deputados que aceitem. Exemplo: "Aqui tem um deputado que defende a educação infantil" ou "Este deputado apoia a inclusão da creche no Fundeb".

Agenda de Mobilização:

— Compromissos assumidos em 27 de julho de 2005, no Congresso Brasileiro de Educação Infantil da Omep, em Fortaleza, Ceará:

1. Organizar o movimento em cada estado e no Distrito Federal — foram designados responsáveis para coordenar a organização do movimento nos seguintes estados: Paraná, Rio de Janeiro, Espírito Santo, Alagoas, Paraíba, Rio Grande do Norte, Ceará, Maranhão, Mato Grosso do Sul e Pará. Para Minas Gerais, foi designado responsável por repassar o assunto ao Fórum Mineiro e à Omep/MG. Agosto.
2. Realizar uma reunião no estado com a bancada federal, contando com o apoio de deputados estaduais e vereadores, para debater o

assunto e obter simpatia, apoio e empenho na inclusão da creche no Fundeb. Agosto.

3. Realizar uma audiência pública na Assembleia Legislativa e na Câmara de Vereadores — se possível, conjunta com as Comissões de Educação das duas casas. Agosto.

4. Recomendar à Assembleia do XV Congresso Brasileiro de Educação Infantil, realizado em Fortaleza, Ceará, nos dias 26 a 28 de julho de 2005, a aprovação e o compromisso de promover a campanha de assinaturas de apoio a uma sugestão de Emenda à PEC n. 415, visando à inclusão da creche no Fundeb.

5. Promover a sugestão de Emenda à PEC do Fundeb junto aos deputados federais, visando à obtenção do maior número de assinaturas (mínimo de 170 para ser recebida). Primeira semana de agosto.

6. Ida a Brasília para entregar as assinaturas de apoio à sugestão de Emenda à PEC (itens 4 e 5). Período: ante do término do prazo de apresentação de emendas à PEC.

7. Ida a Brasília para manifestar apoio à Emenda à PEC, que inclui a creche no Fundeb. Data: 31 de agosto, coincidindo com o Dia Nacional de Luta pelo Fundeb.

A força dessa mobilização e sua vitória incluíram um debate bastante sensível sobre a questão da ampliação de vagas na educação infantil, principalmente na faixa de zero a três anos. Estando fora da obrigatoriedade, a educação infantil para essa faixa etária, em muitos municípios, depende inteiramente da atuação das creches comunitárias, por meio de termos de parceria que, antes do marco regulatório para as organizações da sociedade civil, eram denominados convênios. Daí que a luta pelo financiamento público incluía também a sua ampliação para as matrículas das creches comunitárias que majoritariamente atendiam e atendem, até os dias atuais, à imensa população negra, pobre, moradora de favelas e periferias de nosso país. O movimento pela inclusão das creches no Fundeb acabou por ser um movimento de luta pela inclusão das matrículas das creches comunitárias e seu financiamento pelo mesmo fundo. Esse movimento revelou uma vontade nacional, coletiva e popular.

Associar o trabalho profissional do Serviço Social no interior das creches à agenda dos movimentos sociais que estão na vanguarda da defesa dos direitos básicos da educação como um bem público e não mercantil é dever de todos os profissionais que defendem e atuam de acordo com os compromissos éticos e políticos de nossa profissão. Considerando a lenta expansão de vagas públicas para a educação dos primeiros anos de vida, em especial de zero a três anos, precisamos entender que a garantia da democracia e da justiça social não está apenas no entendimento de que o Estado, nesse contexto, deva ser o único responsável pela educação, mas também de que ele possa estender seus braços para um amplo campo de conexões com entidades comunitárias e populares que já oferecem o serviço, até que o Estado assuma a universalização das demandas. Os interesses populares devem estar submetidos ao conjunto plural de controles democráticos do financiamento e da melhoria da qualidade do serviço prestado. Com isso, não concordamos com a perspectiva de defesa de um "terceiro setor" autonomizado e contraposto ao Estado e ao mercado, como defendem os neoliberais. Compreendemos que as creches comunitárias defendem interesses contraditórios, que são atravessadas por eles, mas reconhecemos que a sua inclusão no financiamento público fortaleceu e politizou o projeto popular de luta pela qualidade na educação infantil, sem desresponsabilizar o Estado de sua obrigação, nem descolar a educação infantil da esfera das políticas públicas numa perspectiva de direitos.

A extensão do financiamento do Fundeb às creches comunitárias instaurou a possibilidade de inclusão de demandas populares na implementação de políticas públicas e assegurou o reconhecimento do direito à educação infantil em um conjunto de práticas sociais que representam uma nova noção de esfera pública não estatal e democrática, submetida a processos de controles sociais democráticos. É sob essa perspectiva que devemos entender a luta e a vitória da inclusão do financiamento das creches no Fundeb. A base de todo esse movimento partiu de um pressuposto: a compreensão de que a educação infantil (creche e pré-escola) é parte intrínseca da educação básica e que os primeiros anos de vida são anos de educação. Pesquisas e estudos na área apontam que esse período é fundamental para a formação de uma rede de dispositivos que impulsionam a aquisição de habilidades e o aprendizado de valores e conhecimentos. A Constituição de 1988 e a Lei de Diretrizes e Bases da Educação Nacional (LDB) de 1996 trouxeram para o sistema de ensino esse reconhecimento.

Para os assistentes sociais, é fundamental o conhecimento das conexões entre a legislação e as pesquisas na área, para não tomarmos de forma absoluta e radical apenas as referências legislativas isoladamente e confundi-las como marcos teóricos do trabalho. Além de ser um direito consagrado na Constituição Federal, a educação infantil tem sido cada vez mais reconhecida como prioridade na área da educação. Assim, a garantia do financiamento público pelo Fundeb, reafirmado na Lei n. 14.113, de 25 de dezembro de 2020, permite a correção das disparidades entre os sistemas de ensino dos estados e da maioria dos municípios. Com a implantação do novo mecanismo de redistribuição, com maior participação da União, municípios mais pobres receberão aumento dos recursos para a educação básica. Dessa forma, espera-se que haja mais possibilidades de expansão das vagas nas creches. A incorporação das creches no financiamento público, como resultado da luta dos movimentos sociais, permitiu a continuidade do atendimento, acolhendo as crianças que dependem do sistema público de ensino, principalmente as mais pobres. Ao mesmo tempo, essa vitória serve para limitar iniciativas que insistem em implantar programas de educação domiciliar, substituindo a escola como espaço de educar.

Em 2026, de acordo com a atual lei de regulamentação do Fundo, deverão ser avaliados indicadores de cumprimento de algumas condicionalidades, principalmente na área de melhoria da gestão e da aprendizagem, conforme os termos do Índice de Desenvolvimento da Educação Básica (Ideb) para o recebimento de parte das verbas. O novo Fundeb também altera a destinação dos recursos recebidos. A partir de 2022, pelo menos 70% de seus valores devem ser investidos no pagamento de profissionais da educação básica. O restante dos recursos deve obrigatoriamente ser alocado em ações de manutenção e desenvolvimento do ensino. O novo Fundeb também traz um reforço no monitoramento feito pela sociedade: amplia o número de integrantes dos conselhos de acompanhamento e controle social, os chamados Cacs-Fundeb. Nos municípios, haverá espaço para um representante do conselho municipal de educação, dois de ONGs, um de escolas indígenas, um de quilombolas e um de escolas do campo, sempre que houver.

Para os assistentes sociais, são relevantes a participação e o estudo das atas das reuniões dos conselhos para acompanhar a execução dos recursos do Fundeb e monitorar a prestação de contas. Esse acompanhamento deve ser socializado com educadores e pais para dar transparência ao uso dos recursos. Para executar suas funções, os conselhos poderão solicitar e examinar documentos sobre licitações, obras e serviços, além de dados sobre contratação de profissionais de educação. Os conselheiros também poderão realizar visitas *in loco* para vistoriar construções, equipamentos e serviços contratados com valores do fundo.

4

Relato de experiência

Como vimos nos capítulos precedentes, a partir dos anos 1980 houve mudanças na política de educação infantil, resultantes de um longo processo de luta organizado por movimentos sociais, que tiveram no Movimento Interfóruns de Educação Infantil do Brasil (Mieib) seu principal canal de representação. A experiência relatada neste capítulo foi gestada nesse contexto e representa um segmento importante na luta por mudanças na política geral da educação infantil: a universidade pública. A experiência foi desenvolvida na creche da Universidade Federal Fluminense (Creche UFF) e envolveu um projeto de intervenção profissional de Serviço Social na articulação ensino-pesquisa e extensão.

4.1. Breve histórico da Creche UFF

Nos final dos anos 1980, após concluir o doutoramento em Psicologia na Inglaterra, a professora doutora Vera Maria Ramos de Vasconcellos liderou a criação do Núcleo Multidisciplinar de

Pesquisa, Extensão e Estudo da Criança de 0 a 6 anos — (Numpec 0 a 6), composto por docentes e discentes de graduação e mestrado de vários departamentos: Psicologia, Educação, Serviço Social, Nutrição, Enfermagem e Medicina.

Naquele período, vivia-se uma clara tendência de deslocamento das ações governamentais públicas — de caráter universal — para ações que defendiam a privatização das políticas, restringindo o atendimento das necessidades sociais. Esse deslocamento se refletia em conflitos na gestão das políticas municipais de educação infantil, que ainda se dividiam entre as secretarias de assistência social e educação. Nesse contexto, ao estudar as novas configurações da educação infantil, tanto no plano teórico quanto na prática das instituições, o Numpec 0 a 6 lidava com inúmeras e múltiplas questões, e se colocava na vanguarda desse debate.

Três elementos podem ser destacados quanto à relevância da criação do Numpec 0 a 6. Em primeiro lugar, ele transformou a demanda por um serviço de creche para filhos de funcionários e alunos em um campo de produção e socialização de conhecimentos, destacando o papel da educação infantil como área de política pública de educação. Em segundo lugar, reafirmou o protagonismo da universidade pública na luta pela expansão da educação infantil a partir de seu engajamento no Movimento Interfóruns de Educação Infantil do Brasil e de representação nos conselhos de direitos e de políticas municipais. Em terceiro lugar, construiu uma sólida base de produção de conhecimentos na área de educação infantil, contribuindo para a formação de docentes e pesquisadores de todo o território nacional. Todos esses elementos articularam a posição ideológica e política do Núcleo, em defesa da educação infantil pública, gratuita e inserida na política de educação.

A princípio, a professora Vera Vasconcellos coordenava o grupo de estudos e pesquisas sobre a infância de zero a seis anos. Progressivamente, os professores passaram a organizar projetos de pesquisa

SERVIÇO SOCIAL E EDUCAÇÃO INFANTIL

e extensão com a inserção de alunos bolsistas e estagiários, aumentando o número de integrantes e a diversidade de temas tratados. As abordagens eram multidisciplinares e o debate acadêmico buscava relacionar a teoria com questões trazidas pelas novas configurações da educação infantil, a partir tanto da Lei de Diretrizes e Bases da Educação quanto do Estatuto da Criança e do Adolescente.

Essa articulação, além da definição de questões e de temas de pesquisa, permitiu o desenvolvimento de projetos de extensão junto às secretarias de bem-estar social (ou similares, que ainda tinham programas de educação infantil), secretarias de educação, conselhos tutelares, conselhos de direitos, de diferentes municípios, criando uma rede de interlocução entre a produção de conhecimentos e as demandas que emergiam do processo de municipalização. A primeira linha de extensão do Numpec foi a organização dos ciclos formativos para professores e profissionais das redes municipais, com a organização de grupos de estudo e assessoria/acompanhamento de projetos de trabalho nas secretarias de educação de diferentes municípios. Esses ciclos formativos abrigavam o debate interdisciplinar sobre a educação infantil e, deles, participavam todos os professores do Numpec. Reafirmaram a presença do Núcleo nas redes municipais com as quais trabalhava, e ampliaram a interlocução com diferentes áreas correlacionadas à educação infantil, como saúde e defesa de direitos. Dessa intensa interlocução surgiram vários projetos de pesquisa, extensão, monografias de graduação, projetos de mestrado e doutorado, e em muitos havia a participação do Departamento de Serviço Social da UFF.

4.1.1. O desenvolvimento do projeto Creche UFF

Em 1997, a Creche UFF foi inaugurada com apenas 40% do prédio em condições de funcionamento; o Numpec continuou suas atividades que passaram a ser articuladas ao trabalho da creche. Desde 2010, a creche integra a educação infantil do Colégio Universitário da UFF.

Até a entrada no Colégio Universitário, a creche esteve vinculada à Pró-Reitoria de Extensão da UFF (Proex/UFF), sendo o Numpec o projeto principal de extensão ao qual se associavam outros subprojetos de pesquisa e extensão dos docentes, que participavam tanto do Núcleo quanto da creche, como foi o caso do departamento de Serviço Social de Niterói (SSN/UFF). Além dos projetos inovadores na extensão, desenvolviam-se de forma criativa projetos próprios de trabalho com as crianças, que envolviam toda a equipe interdisciplinar com ações, pesquisas e encaminhamentos conjuntos, numa rica experiência de educação dialógica, democrática e participativa.

Por não ser uma unidade administrativa autônoma, a Creche UFF sempre teve problemas na contratação de pessoal por concurso público. Todos os docentes que lá atuavam precisavam estar vinculados aos projetos de ensino, pesquisa e extensão do Numpec 0 a 6 para terem alguma liberação de carga horária transferida para a gestão e/ou intervenção na Creche UFF. Durante sete anos, a direção ficou a cargo da professora Monica Picanço que, além de trabalhar no Departamento de Educação, dedicava uma parte considerada de sua carga horária para a creche. Após a saída da professora Mônica Picanço, a creche foi dirigida pelas professoras Bernadete Mourão (2007/2008) e Dominique Colinvaux, entre 2008 e 2013, quando passou a integrar o Colégio Universitário.

Para suprir a falta de professores para atuarem no atendimento direto às crianças, estabeleceu-se convênio com as Secretarias Municipais de Educação dos municípios de Niterói e São Gonçalo que, em troca da cessão de professores, recebiam formação continuada para as suas redes, oferecidas pelos docentes do Numpec 0 a 6.

A Creche UFF se transformou numa referência nacional como campo de pesquisa e extensão. Recebeu muitos estudantes de outras instituições federais/estaduais de ensino superior de várias partes do país para a realização de estudos, pesquisas e projetos de mestrado e doutorado.

Funcionava diariamente em horário integral e tinha uma equipe interdisciplinar composta por docentes do Numpec e alunos estagiários e/ou bolsistas. Havia uma pré-matrícula, e os critérios de seletividade dos alunos ficavam condicionados à faixa etária e à divisão proporcional de vagas entre cada segmento — alunos, professores e funcionários. A gestão era colegiada e participativa, com reuniões semanais de acompanhamento, monitoramento e avaliação dos projetos de trabalho coordenados pelos professores de diferentes áreas. Nessa gestão colegiada, havia a presença de representantes dos pais.

4.2. O Departamento de Serviço Social da UFF (SSN) na Creche UFF: relação ensino, pesquisa e extensão

Desde a criação do Núcleo Multidisciplinar de Pesquisa, Extensão e Estudo da Criança de 0 a 6 anos (Numpec 0 a 6), o departamento de Serviço Social se fez representar integrando a equipe com projetos de pesquisa e extensão. Nos anos que precederam a conclusão das obras, constituímos grupos de estudos e projetos de extensão para a implementação de atividades de formação nos municípios de Niterói e São Gonçalo, com os quais seriam desenvolvidos projetos de parceria de trabalho.

Os projetos acadêmicos do departamento de Serviço Social de Niterói giravam em torno de discussões teóricas sobre direitos das crianças, processo de municipalização da educação infantil, atendimento familiar, conhecimento e encaminhamentos para serviços de garantia de direitos das redes locais, estudos e acompanhamento e participação nos fóruns de educação infantil para debater a construção das políticas públicas. Integrávamos os cursos de formação profissional para professores das redes municipais, em parceria com o projeto extensionista da Creche UFF, com disciplinas sobre direitos das crianças de zero a seis anos, relação creche e família, políticas públicas e educação infantil, gestão democrática dos equipamentos escolares, movimentos sociais e educação infantil.

Logo que o espaço físico da creche foi inaugurado, lutamos junto à Pró-Reitoria de extensão para garantir a contratação de um assistente social como supervisor acadêmico de nossos alunos estagiários. O Departamento de Serviço Social de Niterói continuava integrando a equipe do Grupo Gestor da Creche UFF com a docente coordenadora, o profissional de campo, alunos estagiários e bolsistas de extensão e pesquisa de iniciação científica, garantindo a presença ativa do Serviço Social no debate acadêmico sobre a educação infantil. Depois que a creche foi integrada ao Colégio Universitário, a docente continuou com os projetos de pesquisa e extensão, alunos bolsistas e um profissional de Serviço Social como supervisor acadêmico.

Descrição da articulação ensino, pesquisa e extensão:

a. Ensino:

A Creche UFF possibilitou a abertura de disciplinas relacionadas ao trabalho com educação infantil e com crianças em geral. Oferecemos disciplinas optativas, como educação infantil e Serviço Social; direitos das crianças de zero a seis anos no âmbito da educação infantil; Estatuto da Criança e do Adolescente e Serviço Social; Serviço Social e família e, por fim, estágio supervisionado tanto na Creche UFF quanto em creches públicas, filantrópicas, comunitárias e em secretarias de educação onde havia assistentes sociais. Às atividades de ensino, articulamos orientações de vários trabalhos de conclusão de curso de graduação e pós. Dentro da parceria que a creche estabeleceu com as redes municipais de educação, ministramos várias disciplinas com a participação de alunos mestrandos, tais como: direitos da criança e do adolescente, violência e educação, família, escola e novas formas de sociabilidade, Rede SUAs e educação infantil.

A articulação ensino, pesquisa e extensão permitia que as disciplinas optativas e/ou os cursos de extensão oferecidos abrigassem eixos dos principais campos da disputa de poder que se desenvolvia em escala macro e microssocial, penetrando as relações interpessoais, reprodutoras de representações, referências e reconhecimento pessoal. Esse processo está diretamente vinculado à cotidianidade e a suas relações sociais e, nesse sentido, os cursos e as disciplinas ofertados respondiam, em certa medida, às necessidades observadas nas creches e nas redes municipais de ensino. A centralidade em alguns temas, tais como direitos e família, buscava potencializar a crítica sobre os mecanismos de controle social que se manifestavam nas relações entre educadores e crianças, reprodutoras de disputas de poder dominantes na cultura política da educação infantil. A violência contra as crianças pequenas reflete o uso da força como elemento-chave da dominação, ainda que tensionada pelos avanços no debate sobre direitos, e os conflitos e as contradições desse debate expresso no Estatuto da Criança e do Adolescente. Práticas autoritárias, coercitivas, disciplinadoras foram, ao longo dos últimos anos, se modernizando e assumindo novas feições, desde a cadeirinha do "pensamento" até a suspensão e a expulsão de crianças categorizadas como portadoras de "dificuldades de aprendizagens", "comportamentos agressivos", entre outros. Essa rede de novas linguagens sobre a educação nos primeiros anos de vida, em muitos casos, reforça o papel de subalternidade de crianças e familiares com novos recursos que justificam a violência e a desigualdade. Portanto, os eixos que mais organizavam os conteúdos das disciplinas banhavam-se nas contradições observadas no cotidiano, mas também no debate acadêmico sobre os novos sentidos para a educação da criança de zero a seis anos.

b. Pesquisa:

A articulação do trabalho do Departamento de Serviço Social de Niterói (SSN) com a Creche UFF e o Numpec possibilitou o desenvolvimento de vários projetos de pesquisa sobre educação infantil, com o engajamento de alunos monitores e bolsistas de iniciação científica. Esses projetos foram iniciados em 1994 e versaram sobre a articulação entre direitos, educação e assistência. Nessa área de estudos, pudemos problematizar vários temas emergentes no debate sobre a formulação da política pública da educação infantil, com trabalhos publicados por alunos em eventos de Serviço Social e Educação e, também, a produção de trabalhos de conclusão de cursos e pesquisas de mestrado. Nosso foco principal de observação era a transferência das creches da assistência para a educação. Desde o início do processo de incorporação de creches e pré-escolas aos sistemas municipais de educação, observava-se o reconhecimento de que o Estado não conseguia atender às inúmeras demandas populares por educação infantil, por isso optou-se por uma ação conjunta, através de convênios, com diferentes instituições da sociedade civil que historicamente já vinham atuando na área. Nesse cenário, a municipalização da educação infantil trouxe uma aposta generalizada na renovação de uma ação conjunta entre Estado e sociedade civil. Em muitos municípios, a organização dos sistemas dependia dessa parceria, senão para a ampliação do atendimento às demandas, pelo menos para mantê-la nos mesmos níveis de antes. Estudamos profundamente esse processo em alguns municípios e nos fóruns de educação infantil, e o acompanhamos com projetos de pesquisa, extensão, com várias produções apresentadas em encontros de Serviço Social e Educação, elaboradas em coautoria com os bolsistas.

Para alargar ainda mais a nossa interlocução acadêmica e acompanhar os avanços da política e de todo o debate sobre o fortalecimento dos espaços públicos de conselhos e fóruns como experimentos de democratização das políticas e de controle social, um grupo de professores do SSN implantou, em 2001, o Núcleo de Estudos sobre Poder Local, Políticas Públicas e Cidadania, formado por docentes, discentes, integrantes de fóruns e de conselhos e profissionais de Serviço Social, que já vinham isoladamente desenvolvendo pesquisas sobre o tema e/ou que atuavam nessas áreas. Articulamos esses estudos em um único núcleo, com um projeto na área de extensão para a formação de conselheiros tutelares e de direitos na área da infância. Esse núcleo foi cadastrado tanto na Proex (Pró-Reitoria de Extensão/UFF) quanto na Proppi (Pró-Reitoria de Pesquisa, Pós-Graduação e Inovação/UFF), no segundo semestre letivo de 2001. Acompanhando as discussões políticas e as novas demandas na luta pela consolidação da democracia brasileira, vinculamos parte dos estudos desse núcleo aos estudos e às pesquisas desenvolvidos junto ao Numpec 0 a 6.

Em 2006, com o aprofundamento de nossa interlocução com os estudos da Creche UFF e do Espaço Avançado de Estudos sobre Idosos da UFF, criamos o Núcleo de Pesquisa e Extensão sobre Espaços Públicos, Políticas Públicas e Serviço Social (Nuppess), cocoordenado pelo professor doutor Serafim Fortes Paz e cadastrado no CNPq.

O Nuppess articulava projetos de pesquisas, extensão e assessoria em duas grandes áreas de políticas públicas: a primeira infância e a velhice. Buscamos desvendar os diferentes mecanismos e instrumentos políticos que contornavam a expressão da questão social nessas faixas etárias, conectando-as ao debate mais articulado das políticas públicas e dos instrumentos de controle social vigentes, sobretudo em conselhos e fóruns. Desenvolvemos vários projetos de pesquisa; oferecemos cursos de formação política para educadores, conselheiros e membros de movimentos sociais; assessoramos a organização de conferências municipais e estaduais nas áreas da infância e velhice; e tivemos representatividade e assento nos fóruns de educação infantil e de envelhecimento. O Nuppess protagonizou importantes eventos acadêmicos e científicos com ampla produção teórica de pesquisa e extensão, que tiveram apoio do CNPq e da Faperj (Fundação Carlos

Chagas Filho de Amparo à Pesquisa do Estado do Rio de Janeiro), com cadastro no CNPq.

c. Extensão:

O Serviço Social integrou, junto ao Numpec 0 a 6, um amplo projeto de formação continuada nos municípios de Niterói, São Gonçalo e Rio de Janeiro. Desenvolvemos projetos específicos de extensão, cadastrados na Pró-Reitoria de Extensão — Proex/UFF —, com a participação de alunos bolsistas de Serviço Social para ampliar a sua dimensão formativa na área de educação infantil. Essa experiência ocorria paralelamente à luta dos setores mais combativos da UFF, especialmente organizados pelo nosso sindicato, pela reafirmação de um projeto de educação pública com plena articulação do ensino com a pesquisa e a extensão. A interlocução extensionista com os educadores da educação infantil desses municípios também permitia aos graduandos de Serviço Social a participação em fóruns e assembleias de defesa de direitos, e nos movimentos sociais locais de luta por educação infantil. Uma das áreas de trabalho do Serviço Social nos cursos de extensão era o debate sobre os direitos das crianças, em especial das crianças de zero a seis anos. Procurávamos dar visibilidade ao Estatuto da Criança e do Adolescente (ECA/1990), pois ele representava um avanço, considerando o cenário de luta entre os educadores que desejavam continuar a conceber a criança, além de intervir em relação a ela, como "caso de polícia"; e aqueles que pretendiam construir uma nova prática, assentada numa concepção política de direitos.

Outra importante área de extensão universitária dizia respeito à participação dos alunos nos fóruns de educação infantil dos municípios de Rio de Janeiro e Niterói e, também, no acompanhamento das assembleias ordinárias dos conselhos municipais de direitos das crianças e dos adolescentes e de assistência dos municípios. Alguns alunos que se inseriram nesses projetos extensionistas elaboraram trabalhos de conclusão de curso (TCC) dentro da temática e, com isso, associamos a extensão com o ensino e a pesquisa.

4.3. Proposta de intervenção do Serviço Social na Creche UFF

O Serviço Social da Creche UFF foi constituído por uma equipe de alunos estagiários da graduação em Serviço Social, um professor substituto que atuava como assistente social, bolsistas e a docente (autora deste estudo) do SSN (Departamento de Serviço Social de Niterói), que participava do grupo gestor e do Numpec 0 a 6 com pesquisas, e alunos bolsistas de iniciação científica, financiados pela Faperj, pelo CNPq e pelo Proppi (Pró-Reitoria de Pesquisa, Pós-Graduação e Inovação/UFF).

O projeto de intervenção tinha como objetivo principal consolidar o projeto político-pedagógico da Creche UFF, elaborado pelo Grupo Gestor em parceria com os pais, e garantir sua autonomia administrativa na universidade, como um Departamento de Educação Infantil[2].

Para tanto, desenvolvia atividades junto a famílias, educadores, comunidade universitária, movimentos sociais, conselhos e fóruns, procurando contribuir com o debate crítico sobre a educação infantil de forma inovadora e de qualidade, no contexto da realidade brasileira e na UFF. Um dos requisitos para o desenvolvimento do projeto de trabalho do Serviço Social era a participação de alunos estagiários e bolsistas de pesquisa e extensão nas assembleias dos Conselhos Municipais dos Direitos da Criança e do Adolescente (CMDCAs), de assistência e do fórum municipal/estadual de educação infantil.

---

2. Não foi possível transformar a creche em departamento. A partir de 2010, foi integrada ao Colégio Universitário da UFF.

O trabalho era alimentado pelas discussões dos grupos de estudo da equipe de Serviço Social que incluía docente orientadora, profissional de campo, bolsistas e estagiários.

A experiência que será relatada foi iniciada no final da década de 1990, interrompida durante o período de afastamento para o doutoramento da autora e retomada após 2005. Durante esse período, tivemos a participação de profissionais de Serviço Social que atuaram como assistentes sociais na creche e de supervisores dos alunos estagiários. Destacamos a presença de Raquel Cabrera (2006/2007) e Odenilson Argolo de Santana (2007/2009), que muito contribuíram para a construção coletiva dessa proposta.

O projeto de trabalho foi implementado em quatro frentes de atuação: gestão da creche; acompanhamento familiar e conselho de pais; inserção e participação em conselhos e fóruns vinculados à educação; e direitos das crianças.

1ª Gestão da Creche

Essa importante área da intervenção ocorria na participação semanal da docente/coordenadora, do assistente social e dos alunos bolsistas/estagiários nas reuniões semanais do Grupo Gestor que eram divididas em dois momentos:

a. Discussão da rotina diária; planos semanais de atividades docentes; problemas de funcionamento geral do equipamento; relação da creche com a universidade.

b. Apresentação/avaliação e monitoramento dos projetos de trabalho por equipes (Serviço Social, Pedagogia, Psicologia, Nutrição, Enfermagem).

A última sexta-feira do mês era dedicada ao Grupo de Estudos, e cada equipe de trabalho era responsável por apresentar um texto de estudos.

A gestão da Creche UFF fundamentava-se na sua proposta teórica e metodológica que tinha como centralidade a brincadeira, dentro de uma concepção de brincadeira como relação social entre sujeitos de um determinado grupo social, a partir dos estudos dos autores construtivistas, em especial Vigotski (1988). Nessa perspectiva teórica, entende-se que, através do brincar, a criança adquire conhecimentos sobre o mundo no qual se insere como sujeito com possibilidade de compreensão e transformação da realidade (VIGOTSKI, 1988). A brincadeira como um espaço social supõe regras, negociação, partilha e troca de papéis, em um mundo de relações que, aos poucos, adquire sentido para as crianças. Transformar a brincadeira em espaço de formação e de trabalho educativo pressupunha uma organização metodológica e de gestão em que criança e o adulto se tornavam sujeitos potenciais da ação. Nesse enfoque, uma incidência do Serviço Social na gestão da creche era a associação do debate sócio-histórico da brincadeira aos direitos da criança no interior da creche. O mérito dessa associação residia na possibilidade de desconstruir alguns rótulos, cuja presença no cotidiano da relação educador e criança poderia reproduzir hierarquias, preconceitos, unilateralidade da relação, violência simbólica e omissões de diferentes naturezas.

O debate sobre direitos que subsidiava a organização das atividades diárias era apoiado em pesquisas e discussões organizadas por Campos e Rosemberg (1994), e pressupunha cuidadosa e minuciosa observação das crianças e de suas relações com outras crianças, adultos e familiares. A partir dessa referência, o Serviço Social procurava debater os seguintes aspectos:

1. *Direito à brincadeira*: a brincadeira como centralidade da ação pedagógica enfatiza o lugar da criança como sujeito de direitos e um ser em formação. Assim, a experiência do brincar deveria alimentar relações de igualdade de gênero, raça, acesso a espaços

organizados e uma responsabilidade ética do adulto na associação entre cuidar e educar.

2. *Direito à atenção individual*: o conhecimento das histórias de vida de cada criança contribuía para enfatizar o respeito à maneira como as crianças chegavam à creche, as diferenças entre as vestimentas, os brinquedos que traziam de casa, as interações e as demandas de cada uma, o que muitas vezes apontava a necessidade de discutir preconceitos raciais e de gênero. Na atenção individualizada, também se impõe a discussão sobre crianças que tenham algum tipo de deficiência e precisam conviver em um ambiente saudável com as demais.

3. *Direito a ambientes aconchegantes, seguros e estimulantes*: essa noção de direito acentua a responsabilidade do adulto não apenas na organização dos espaços para brincadeira, mas também na responsabilidade sobre a higienização e prevenção de acidentes, sem deslizarmos para um higienismo rotulador. Nesse direito, deve-se atentar para a necessidade de flexibilidade de horários e rotinas, sem a permanência das crianças em isolamentos ou em filas de espera.

4. *Direito ao contato com a natureza*, estimulando o uso consciente da água e a proposta de atividades que envolvessem a compreensão da necessidade da preservação ambiental e dos povos originários.

5. *Direito à higiene e à saúde*, com ênfase na conjugação entre autonomia e liberdade, conforme as possibilidades etárias, sem diminuir a responsabilidade do adulto na proposição e na condução das atividades. Importante na observância desse direito é a relação da creche com o sistema de saúde, bem como a clareza nos dados de entrevista que possam indicar problemas para os quais se exige maior atenção dos educadores, tais como alergias, intolerâncias e convulsões. Também se deve salientar que não se pode prescrever medicações em nenhuma hipótese. Chamávamos atenção para a importância da comunicação transparente com os familiares sobre as rotinas diárias de cuidado com a saúde,

sem negligenciar e/ou ocultar informações. Da mesma forma, alertávamos as famílias sobre a importância da vacinação e da comunicação franca sobre o estado de saúde das crianças, para evitar riscos e/ou propagação de doenças infectocontagiosas.

6. *Direito à alimentação sadia*: aqui procurávamos informar imediatamente a equipe sobre possíveis intolerâncias alimentares. Na Creche UFF, havia sempre uma programação de estímulo para que crianças também preparassem alguns alimentos, o que evidenciava a relação homogênea entre meninos e meninas no cuidado e na preparação da alimentação. As famílias eram informadas sobre as rotinas diárias.

7. *Direito a desenvolver sua curiosidade, imaginação e capacidade de expressão*: no trabalho com projetos, havia sempre uma pesquisa que envolvia crianças e professores na exploração dos bairros e do espaço da própria universidade, bem como o estímulo a que propusessem jogos e brincadeiras, cuidando para que o oferecimento de bonecas e jogos não fizesse distinção de raça ou gênero.

8. *Direito ao movimento em espaços amplos, arejados e seguros*: a proposta de observância desse direito destaca a necessidade do oferecimento de uma gama diversificada de atividades para não deixar a criança em longos períodos de espera, sem distinção de brincadeiras de meninos/meninas, nem quaisquer tipos de preconceito racial. Outro elemento importante, no que diz respeito ao movimento, era o cuidado para que as crianças não ficassem esquecidas em berço ou cercadinhos. As famílias deviam ser informadas das atividades e, sempre que possível, convidadas a participar.

9. *Direito à proteção, ao afeto e à amizade*: para dar materialidade a esse direito, os profissionais devem discutir o respeito às famílias, as diferenças sociais e culturais, a religiosidade, e acolher os momentos de tristeza, dor, doenças, inquietações emocionais. Da mesma forma, cuidar para que as crianças em nenhuma situação fossem punidas e/ou obrigadas a fazer o que não desejavam. Profissionais e familiares eram orientados a não comentar nada

sobre o comportamento das crianças na frente delas. A questão da agressividade entre crianças era debatida com respeito e ética, considerando que esse comportamento é comum para determinadas faixas etárias.

10. *Direito a expressar seus sentimentos sem serem punidas e reprimidas*: na Creche UFF, a questão da autonomia era incentivada, e o respeito às escolhas das crianças era fundamental. Havia também espaço para discutir com as crianças sobre suas experiências em casa e em seus bairros, e aqui era necessário ter cuidado com as diferenças sociais para não haver quaisquer tipos de discriminação.

11. *Direito a uma especial atenção durante o período de inserção à creche*: a relação do Serviço Social com as famílias, a partir de entrevistas e contatos individuais, era fundamental para informar a equipe sobre as histórias de vida e acompanhar as famílias na inserção delas no espaço, época de muitas angústias e incertezas. Mães e pais eram sempre abordados pelo Serviço Social para tirar dúvidas e estabelecer vínculos de confiança. Toda a adaptação era aberta à presença dos pais, sem predeterminação de tempo ou dias, havendo um planejamento bem flexível de rotinas.

12. *Direito a desenvolver sua identidade cultural, racial e religiosa*: a Creche UFF sempre foi concebida como um espaço de expressão cultural de crianças, famílias e comunidade. O projeto político-pedagógico era discutido com as famílias, de forma a assegurar a comemoração das festas tradicionais da nossa cultura, como Carnaval, Festas Juninas, Natal. As crianças também participavam de passeios culturais a museus, parques e jardins, e os familiares eram estimulados a acompanhá-las sempre que possível.

A participação do Serviço Social na gestão da creche determinava uma ampliação de sua responsabilidade no conhecimento sobre o debate teórico da educação infantil, a respeito da legislação e sobre temas vinculados à intersetorialidade das políticas. Havia a necessidade de desenvolver ações estratégicas, planos e projetos de trabalhos convergentes com a permanente atualização desse debate. No âmbito dessas ações, destacamos o acompanhamento das assembleias de conselhos de direitos, fóruns e comissão de pais, a participação ativa nas discussões internas da UFF sobre a regulamentação do serviço da creche, a articulação com os municípios que faziam parcerias com a creche para acompanhamento dos calendários de trabalho, bem como os ajustes de calendários após greves e/ou paralisações e participação ativa nos projetos interdisciplinares de formação continuada.

2ª Acompanhamento Familiar e Conselho de Pais

A dimensão simbólica da relação familiar é fundamental à compreensão da dinâmica dos princípios da educação infantil, que busca associar o cuidado com a educação na nova abordagem sobre direitos da criança de zero a seis anos. Essa dimensão simbólica poderia repercutir em demandas associadas à concepção de educação que não convergia com os novos referenciais para a educação infantil, incorporados pela Creche UFF.

Em geral, a frequência à creche representa uma das primeiras experiências de ampliação do universo de vida da criança que, deixando suas relações afetivas mais estreitas com pais, avós, tios e irmãos, passa a se relacionar com outros adultos e crianças, num contexto de relações regido por princípios coletivos de vida social (NUNES, 2011). Aí reside o núcleo mais substantivo da proposta sociopedagógica da creche, tendo em vista que esse novo universo, de vida coletiva, é portador de valores, símbolos, saberes, práticas e de uma cultura política que, ao ser apresentada à criança, chega a seu universo familiar e com ele dialoga. Assim, é na creche que a criança experimenta o estabelecimento de suas primeiras relações com o mundo que a cerca: um mundo que pode ser mais ou menos aberto à sua participação, à sua fala; um mundo que lhe impõe determinados limites e que lhe cobra deveres; um mundo no qual ela interage como um ser que tem direitos, onde aprende a lidar com as diferenças, com o individual, o coletivo e com um conjunto de valores muitas vezes não vivenciados no interior de suas relações familiares. Nesse sentido, entendemos que, ao optar pela creche, a família faz uma escolha política, tendo em vista que está abrigando no seu contexto um outro sujeito que participa ativamente da formação e da construção da sociabilidade de seu/sua filho/filha.

Na Creche UFF, a família constituía-se em importante protagonista de todo o trabalho. O diálogo com ela era desenvolvido em diferentes momentos e com múltiplas estratégias, tais como entrevistas, reuniões de pais, inserção conjunta com a criança, representação e participação nas reuniões do Grupo Gestor, participação nas reuniões da Comissão de Pais Representantes, assembleias gerais, encontros de formação e outros. Todas essas estratégias tinham como finalidade dar aos pais a visibilidade de todo o trabalho pedagógico, tornar transparentes as decisões encaminhadas pela coordenação/direção e permitir às famílias um exercício de participação ativa na tomada de decisões da creche.

Essa concepção de trabalho supõe o envolvimento de toda a equipe na compreensão de que a família é uma destinatária ativa do projeto pedagógico; uma destinatária que tem voz, que pode e deve influir nos encaminhamentos e nos resultados de toda a proposta. O educador é o profissional de ponta e um dos principais mediadores dessa relação. Assim, o grau de envolvimento da família depende do nosso trabalho de acolhida, diálogo, interação, transparência e coerência entre intenções, valores, finalidades e ações. Aos educadores, cabe o entendimento do pressuposto de que toda família é composta por um campo singular e complexo de relações sociais, afetivas e econômicas, e que não existe uma família ideal, um "modelo" de família a partir do qual avaliamos o comportamento das crianças no interior da creche. Com isso, devemos evitar relações de causa-efeito que, muitas vezes, reduzem nosso olhar crítico ao estabelecermos nexos simplistas entre o comportamento da criança na creche e possíveis "problemas" e/ou "desavenças" familiares.

Em se tratando da relação criança, família e educação, tudo deve ser relativizado, desde que preservados princípios éticos gerais que regem a nossa conduta como seres sociais e socializáveis. Os primeiros contatos entre a Creche UFF e a família eram estabelecidos logo que a criança entrava na creche. Esse era um momento particular e único; dele dependia a construção de vínculos de pertencimento da família ao espaço institucional que ela escolheu para acolher e educar os filhos. Os primeiros contatos eram feitos por meio de entrevistas/ /questionários de anamnese social, da participação em reuniões para apresentação e discussão do projeto político-pedagógico, do conhecimento das principais normas de funcionamento e, sobretudo, da vivência no momento de inserção da criança. Ao educador, cabia acompanhar atentamente esse processo, registrando em seu caderno as principais dúvidas, observações e encaminhamentos a serem dados para aprimorar a relação com a família. Era importante ler atentamente os questionários respondidos sobre o desenvolvimento social, familiar e emocional da criança, registrar e discutir com as coordenações de equipes suas dúvidas. Esses questionários eram formulados pelas diferentes equipes de trabalho, com informações diversificadas sobre antecedentes sociofamiliares, desenvolvimento emocional e físico da criança. Com base nos questionários, dependendo do caso, a família poderia ser chamada pelo Serviço Social para uma entrevista complementar.

Outra importante função junto às famílias dizia respeito ao acompanhamento das reuniões da Comissão de Pais, a fim de assessorar demandas, encaminhamentos e deliberações junto ao Grupo Gestor da creche e, também, junto aos órgãos deliberativos da UFF, já que muitas demandas dos familiares dependiam de recursos e mobilizações para pressionar as instâncias administrativas. Durante o semestre, em parceria com a Psicologia e as professoras, o Serviço Social organizava as reuniões com os responsáveis, nas quais se debatiam questões referentes à dinâmica cotidiana do trabalho pedagógico, da gestão participativa, dos direitos e dos deveres, tanto das famílias quanto dos funcionários da creche, além dos direitos da criança de zero a seis anos.

3ª Inserção

O Serviço Social desempenhava um importante papel no acompanhamento da inserção das crianças novas na Creche UFF. Em parceria com a Psicologia, fazia as entrevistas de anamneses com as famílias dos novos alunos e elaborava um plano de acompanhamento da inserção. Depois que estavam familiarizadas com o trabalho, o Serviço Social coordenava as reuniões de pais e responsáveis para, em parceria com a equipe pedagógica, discutir a proposta pedagógica da creche, assessorar os encaminhamentos de demandas e dar transparência à gestão.

Na inserção, como vimos na discussão sobre direitos, é fundamental o papel do educador, supervisionado e orientado pelo Serviço Social. Atitudes de confiança, respeito aos limites do espaço institucional, abertura ao diálogo, estabelecimento das regras e normas que marcam a convivência no espaço da creche, atenção individualizada para a criança, cuidado e afeto são importantes e cruciais para o estreitamento do vínculo de confiança da família para com a creche (NUNES, 2011). As atitudes do educador e da equipe são observadas pelos pais; elas são portadoras de valores e de cultura institucional que refletem a proposta pedagógica e filosófica da creche. Durante a permanência da criança, depois de sua inserção, o educador continua a ser o principal mediador da relação com a família. A leitura diária das agendas e as anotações dela decorrentes devem ser feitas tanto pela família quanto pelos educadores e/ou demais membros da equipe. A comunicação interna da creche tem que ser bem objetiva e precisa; nada pode ser negligenciado. Observações cotidianas sobre atitudes dos pais/responsáveis devem ser associadas ao que vem escrito nas agendas, aos contatos verbais entre educadores/equipe e família. Faltas e atrasos frequentes devem ser imediatamente observados e comunicados às coordenações de equipes para providências. Crianças atrasadas na saída devem ficar sob a responsabilidade de seus educadores ou de membros de equipes; em hipótese alguma a criança pode ser entregue a desconhecidos, ainda que a criança diga conhecê-los, a menos que a família autorize, por escrito, a saída com a apresentação de carteiras de identidades dos autorizados. A família precisa sentir que os filhos são observados, cuidados, que suas ausências são observadas e que suas mudanças de humor e/ou de comportamentos são registradas, e medidas são tomadas pela creche.

O educador e os demais membros das equipes de trabalho devem compreender que a família é uma aliada; ao mesmo tempo, ela deve estabelecer com o educador e as equipes uma relação de confiança e de diálogo, que é uma relação construída, não está dada *a priori*. A clareza dos objetivos do trabalho, o conhecimento da proposta pedagógica e a transparência nas informações são fundamentais para a pactuação dessa relação num clima de confiança, de abertura à participação. O Serviço Social responsabilizava-se pelo debate sobre a gestão democrática da creche, convidando os pais a integrar a Comissão de Pais, a qual prestava assessoria nos assuntos relativos à gestão e/ou junto à universidade para encaminhamentos de demandas.

4ª Participação em Conselhos e Fóruns Vinculados à Educação e aos Direitos das Crianças[3]

A equipe de Serviço Social representava a Creche UFF nos movimentos sociais, em especial no Fórum de Educação Infantil e nas assembleias do Conselho Municipal de Direitos da Criança e do

---

3. Ver Nunes (2009).

Adolescente de Niterói. Como resultado desse engajamento, os alunos bolsistas de Serviço Social podiam trocar com os profissionais da Creche UFF a agenda de debates da política municipal sobre os direitos das crianças, bem como a agenda das mobilizações políticas do Movimento Interfóruns de Educação Infantil do Brasil (Mieib) e do Fórum Municipal de Educação Infantil do Rio de Janeiro.

Como vimos anteriormente, a criação do Mieib respondeu à configuração das lutas sociais dos anos 1980 e 1990, e se consolidou como resposta progressista aos problemas enfrentados pela educação infantil que refletiam, por seu turno, as múltiplas expressões da questão social na área da infância: abandono social, violência, falta de investimentos públicos, ausência de políticas educacionais para o campo da educação para crianças de zero a seis anos, entre outros. A participação da equipe de Serviço Social nas assembleias e nas reuniões do Fórum Estadual de Educação Infantil/RJ, vinculado ao Mieib, permitia o acompanhamento da agenda de lutas e de discussões, e se articulava à luta de outros movimentos e grupos sociais por direitos da criança, em especial o direito de ser educada em creches e pré-escolas de qualidade; em espaços que respeitassem seus direitos e que permitissem, ao mesmo tempo, pagar a imensa dívida social do Estado para com a infância da classe trabalhadora. O Serviço Social da Creche UFF assumiu, em seus primeiros anos, a bandeira da luta pela educação infantil como um direito, além de debater as contradições da política social nas áreas de financiamento, parcerias público-privadas, a questão da participação popular e as relações clientelistas que embasavam muitas das propostas dos sistemas municipais de educação, com os quais a Creche UFF mantinha parceria.

Atravessados por essas tensões, o Fórum do Rio de Janeiro, o Mieib e os conselhos e fóruns de direitos da criança e do adolescente e de assistência protagonizavam a agenda de lutas no campo da educação infantil. Um dos compromissos ético-políticos do Serviço Social era mediar esse debate com a equipe da Creche UFF, estimulando professores e alunos universitários a participar de campanhas, mobilizações e lutas. A experiência de desenvolvimento de um espaço de debate, discussão e proposições políticas da Creche UFF para os movimentos sociais e vice-versa alimentou um campo rico de formação política de estudantes, gestores e educadores.

Na contraposição ao neoliberalismo, a Creche UFF obteve importantes vitórias: colocou a educação infantil na pauta de discussão da política assistencial da UFF; forçou a universidade a abrir vagas para alunos de fora da comunidade; rediscutiu os critérios de convênios com as redes municipais de educação; propôs cursos de formação em serviço e/ou de formação de professores; contribuiu para a consolidação da educação infantil nos sistemas municipais de ensino. A Creche UFF teve um papel fundamental na criação da Associação Nacional das Unidades Universitárias Federais de Educação Infantil (Anuufei)[4].

4.4. As dimensões do projeto de trabalho do Serviço Social

Com essas frentes de intervenção, o Serviço Social procurava percorrer as áreas de seu projeto ético-político. Essas dimensões se inscrevem no movimento da história mais recente da educação infantil e da nova configuração política no âmbito da educação.

Na dimensão ética e política, articulávamos o debate sobre questão social, Serviço Social e educação infantil com as novas referências políticas, advindas do avanço das lutas sociais da educação infantil, e com a reafirmação dos direitos das crianças pequenas à educação pública gratuita, laica e de qualidade. A compreensão da criança como

---

4. Ver Parecer Homologado. Despacho do Ministro, publicado no DOU de 28/2/2011, Seção 1, p. 25.

um sujeito de direitos deslocou todo o arcabouço tradicional da política assistencial da educação infantil, cujo foco era o trabalho da mãe fora do lar. Da mesma forma, a inserção da educação infantil na política de educação, como primeira etapa da educação básica, possibilitou a ampliação do universo político das demandas na reconfiguração do financiamento público e na responsabilização do Estado em prover essa etapa da educação. Nesse rico e profícuo campo plural de intervenção, discutíamos diferentes modos de ver, pensar e agir sobre a educação das crianças pequenas, que alimentavam nossa interlocução com outras áreas de trabalho e outros campos de conhecimento, tais como a Pedagogia e a Psicologia. Esse debate foi apropriado por educadores e estudantes das diferentes áreas no desenvolvimento dos trabalhos por projetos.

O reconhecimento da educação infantil como primeira etapa da educação básica, que deve ser pública, gratuita, laica e de qualidade, era um crivo a partir do qual se reconstruiu o debate teórico e metodológico do Serviço Social. Nesse conjunto de ações, organizou-se a intervenção com funções bem definidas no âmbito do trabalho com os três segmentos: crianças, famílias e professores. Os estudos da perspectiva dos autores construtivistas e sócio-históricos sobre a infância e a brincadeira eram de fundamental importância. A brincadeira como centro do processo educativo reposicionou a concepção da criança e de suas relações sociais, referendando novos estudos sobre o campo de ação dos assistentes sociais. Do controle sobre crianças e famílias, o Serviço Social precisou reconstruir sua metodologia de trabalho, aliando-a a um conjunto de ações vinculadas: controle social e participativo sobre a creche, interpretação dos direitos para educadores e familiares, assessoria aos projetos de trabalho dos educadores no que tange ao debate sobre direitos e articulação com outras esferas de atuação no campo da infância, de políticas correlatas e dos movimentos sociais.

Associávamos esses conteúdos à análise crítica sobre a forma desigual com que o reordenamento político e jurídico se refletia nos diferentes processos de municipalização, tensionando as respostas políticas e institucionais para o campo. No caso da Creche UFF, esses estudos eram acompanhados de discussões sobre a maneira como a universidade pública, afetada pelo desmonte da educação pública brasileira, garantia o direito à creche como um direito de todos os filhos e filhas da comunidade acadêmica: alunos, servidores e professores. No entendimento da educação infantil como um direito que deve ser garantido pelo Estado, portanto, público e gratuito, nossa compreensão da educação infantil dentro de uma universidade pública se inseria no debate mais amplo sobre seu papel na prestação desse tipo de serviço, que deveria ser associado à articulação indissolúvel entre ensino, pesquisa e extensão. Esses posicionamentos eram reforçados com alianças estratégicas com os movimentos sociais e os sindicatos dos trabalhadores da UFF, em especial a Associação de Docentes da UFF (ADUFF). Abordávamos o debate sobre o direito à creche e à educação infantil na universidade em um campo de disputa ideológica e política subjacente à perspectiva de emancipação das classes subalternas.

O manejo da dimensão técnico-operativa incorporava o trabalho com projetos[5], adotado como estratégia pedagógica da Creche UFF, ao cotidiano do trabalho da equipe de Serviço Social. A adoção de uma metodologia similar não significava, em absoluto, uma submissão institucional. Ao contrário, essa metodologia de trabalho era sempre pontuada por conflitos, disputa de visões de mundo, negociação e participação de toda a equipe. Essa instância de trabalho coletivo permitia que a equipe de Serviço Social definisse seu espaço socioinstitucional na disputa entre diferentes concepções sobre o direito à creche dentro de uma universidade. Nesse contexto, as operações técnico-operativas

---

5. Ver Colinvaux (2011).

guardavam uma vinculação dialógica com aquelas alianças e se desdobravam nas quatro frentes de trabalho já mencionadas. Os nexos teóricos, políticos e ideológicos eram construídos a partir da inserção da equipe de Serviço Social em grupos de estudos, nas reuniões de conselhos, nos movimentos sociais e no desenvolvimento de projetos de pesquisa e extensão. Nas reuniões de equipe, a pauta do Serviço Social, além das questões pertinentes ao trabalho com equipe, crianças e famílias, era atualizar o debate sobre a incorporação da Creche UFF como um departamento da universidade, bem como sobre a pauta dos conselhos de direitos e dos movimentos sociais.

Cabe um esclarecimento sobre o que entendíamos por trabalho com crianças. Esse também era um campo de disputa interna, pois, na falta de concursos públicos para o preenchimento das vagas de professores e auxiliares, alguns departamentos desenvolviam projetos de extensão que permitiam a colocação de graduandos nas turmas com as crianças, auxiliando o trabalho dos professores. Como essa não deveria ser uma atribuição do Serviço Social, nunca concordamos com a entrada de nossos estudantes nesse tipo de intervenção, pertinente aos campos da Educação e da Psicologia. Assim, nossos alunos não ficavam nas turmas, e o trabalho com as crianças consistia unicamente em acompanhar as suas inserções na creche, compartilhando com os professores dificuldades e/ou problemas na relação com as famílias, bem como nas entrevistas de acompanhamento feitas com pais e responsáveis. Além disso, procurávamos ter a criança como foco do debate sobre direitos, e a observação ativa dos processos de trabalho da Creche UFF nos habilitava a atuar em possíveis rupturas que levassem à omissão e/ou à ação deliberada de violação.

O trabalho com familiares era justificado com base na própria metodologia adotada na creche. Desde as entrevistas de anamnese até a organização e o acompanhamento da Comissão de Pais, procurávamos romper com a concepção assistencialista de creche e do trabalho do assistente social. Em todas as entrevistas, tentávamos deslocar o olhar individualista das famílias para uma concepção mais abrangente de educação infantil, pautada em direitos individuais e, também, coletivos. Os dados das entrevistas, guardado o sigilo profissional, eram, na medida do possível e em conformidade com o aceite das famílias, compartilhados com a equipe técnica de professores e coordenadores. Essa era uma questão muito importante e delicada da intervenção do Serviço Social, pois a Creche UFF atendia à pluralidade de crianças que passavam por situações culturais e sociais diferenciadas. Tínhamos, convivendo no mesmo espaço, filhos de professores, de alunos e servidores. Muitos alunos eram de graduação, outros de pós-graduação, oriundos de outros estados e/ou países, que estavam em cursos de mestrado/doutorado. No conjunto de servidores, tínhamos filhos e/ou netos de professores convivendo com crianças filhas dos trabalhadores de serviços básicos da comunidade universitária, muitos contratados sem concurso.

A opção metodológica de trabalhar com os três segmentos incidia, também, em ações junto à equipe de professores que era constituída por profissionais com diferentes vínculos profissionais, formações e inserções ocupacionais, reflexo do fato de que a creche não era, até naquele momento, integrante da estrutura da UFF como um departamento. Conviviam no mesmo espaço professores contratados pela prefeitura de São Gonçalo, que eram cedidos à universidade, bolsistas de Pedagogia e de Psicologia, que também assumiam turmas. Tínhamos um grupo heterogêneo, plural, com problemas e lutas diferenciadas no âmbito das relações de trabalho e de direitos. A questão do direito ao trabalho e das lutas a ele inerentes impunha limites e conflitos na equipe, principalmente em períodos de greves e paralisações. Esses elementos configuravam um campo bem específico do trabalho do Serviço Social, dado que havia a necessidade de discutirmos as alianças de classe necessárias para o avanço não só da política de educação infantil, como também da preservação da universidade pública como um bem inalienável do povo. O foco nos processos de luta por direitos exigia da equipe habilidades e abordagens que envolviam redefinições de processos e projetos de trabalho com as crianças, negociação com pais e representantes, além de redefinição de datas do semestre escolar, considerando que também tínhamos profissionais de outro município trabalhando na creche. A ruptura com concepções assistencialistas do Serviço Social e seu engajamento no campo da educação infantil dentro de uma universidade pública determinavam que os profissionais precisavam (re)pactuar seu projeto ético-político, lançando novas perspectivas de intervenção criativas e socialmente comprometidas.

O Serviço Social da Creche UFF tinha autonomia de intervenção, o que possibilitava o aprofundamento do vínculo ético e político entre o projeto profissional e os interesses da classe trabalhadora. Esse debate era tensionado pelas contradições da política universitária e do processo de incorporação da Creche UFF como um serviço que não podia ser confundido com um mero serviço da política de assistência social, mas como um espaço de ensino, pesquisa e extensão.

5

Serviço Social e educação infantil
Reflexões finais

Historicamente, houve uma inserção subordinada da educação infantil ao campo assistencial, e isso potencializou uma concepção de creche como um mal necessário: crianças e famílias como transmissoras de vícios, taras e deformações morais e intelectuais. Durante muitos anos, a imbricação da educação infantil à dimensão assistencialista reduziu o compromisso e a responsabilidade do Estado em prover qualidade ao atendimento.

A expansão das creches assistenciais, comunitárias e conveniadas, no contexto da Legião Brasileira de Assistência (LBA), serviu para consolidar e legitimar uma perspectiva política de educação infantil precarizada, oferecida em espaços inadequados, com forte viés ideológico de cooptação das famílias para trabalho voluntário como sinônimo de participação social. Todo esse conjunto de práticas e de processos sociais estava incorporado à concepção de desenvolvimento infantil e de política assistencial que integrava relações sociais mais complexas, nas quais se inseriu o Serviço Social. Com efeito, as ações desenvolvidas pelos assistentes sociais convergiam com a ideia originária da creche como um mal necessário e, posteriormente, como um espaço de compensação da pobreza. Nesses dois contextos, a intervenção era predominantemente assimilada como o lugar da "técnica" para identificação dos mecanismos de ajustamento, controle e disciplinarização das famílias.

Entretanto, a ruptura com essa concepção ocorreu, contraditoriamente, no mesmo processo de sua expansão precarizada. A convergência entre a abertura de novas experiências de atendimento, a organização de equipes multidisciplinares dentro da LBA, a articulação com associações e centros comunitários, alguns ligados aos movimentos católicos de base, liderados por mulheres, propiciaram avanços no debate crítico sobre as práticas então dominantes. Pela primeira vez, houve um movimento autônomo das creches, sem a mediação de políticos, primeiras-damas ou lideranças comunitárias cooptadas.

Esse movimento foi, em muitas comunidades, organizado por assistentes sociais, entre os quais destaco Vicência Cesáreo da Costa e Mauricio Camilo da Silva, representantes do Centro de Educação Infantil e Comunitário do Salgueiro (RJ), e Marinez da Silva Vicente Simões, representante do Núcleo de Creches e Pré-Escolas Comunitárias da Baixada Fluminense (Nucrep-RJ). A luta pela inclusão das creches comunitárias no Fundeb expressou a força de mulheres educadoras (muitas leigas) e trabalhadoras pelo direito ao serviço de qualidade, com financiamento público para as classes populares. Foram às ruas pelo direito da inclusão e, ao assumirem esse protagonismo, evidenciaram coesão, organização, representatividade e autonomia. Mulheres que fizeram avançar e consolidar o direito ao financiamento público para a educação infantil e deram visibilidade como um importante campo de investimento social. Mulheres que acreditavam que a presença do Estado nas comunidades não podia ficar restrita às forças de segurança: queriam que suas crianças fossem atingidas por educação de qualidade desde os primeiros anos de vida. Não obstante a inclusão das creches comunitárias no Fundeb, profissionais de Serviço Ssocial reconhecem, em sua maioria, a centralidade do Estado no oferecimento da educação pública gratuita, universal, a crianças, adolescentes e jovens. Reconhecem, ao mesmo tempo, que a demanda é muito maior que a oferta dos serviços, e as creches comunitárias reivindicam uma atuação com o Estado, com termos de parceria que sejam transparentes e com valores capazes de cobrirem o custo aluno-qualidade na educação infantil.

Esse conjunto de práticas foi sedimentando reivindicações que, no contexto de redemocratização da sociedade brasileira, se associaram a lutas mais complexas de demandas por direitos e por participação popular das decisões pertinentes ao campo das políticas públicas. As diferentes concepções de educação infantil enfatizavam o debate sobre a reforma do Estado e sobre o lugar desse segmento no conjunto das políticas públicas de educação. Ao se conferir às lutas sociais do período a possibilidade de articulações mais complexas, houve a sedimentação de pesquisas e estudos teóricos sobre a infância e a educação infantil, a abertura de novos campos formativos para os educadores e a transferência definitiva da educação infantil da assistência para a educação, configurando-se como primeira etapa da educação básica.

A esse processo de intensa mobilização e luta, articularam-se outros significativos avanços no reordenamento das políticas para a infância, refletidas no Estatuto da Criança e do Adolescente, na Lei Orgânica da Assistência e na própria Lei de Diretrizes e Bases da Educação. O Serviço Social integrou-se a esse amplo movimento e protagonizou a defesa de seu projeto ético-político articulado à luta por direitos, justiça social e superação das desigualdades. Assistentes sociais participaram de encontros, mesas conjuntas e intersetoriais de políticas públicas, assim como de discussão e construção do novo reordenamento socioinstitucional para a infância e áreas de políticas conexas. Alguns se integraram ao Movimento Interfóruns de Educação Infantil do Brasil (Mieib) e protagonizaram suas lutas, incorporando em seus projetos de trabalho algumas bandeiras do movimento. Destacamos o trabalho do Serviço Social da Creche Fiocruz como referência nacional, liderado pela assistente social Yvone Costa de Souza, autora do primeiro livro sobre racismo na educação infantil (ver SOUZA, 2002).

Profissionais e acadêmicos estiveram vinculados a universidades e centros de pesquisa, como em creches universitárias, e outros trabalharam em creches comunitárias, associados aos movimentos sociais de base. Havia, também, profissionais em creches filantrópicas, privadas e públicas. Como não existia a obrigatoriedade da contratação de assistentes sociais nas redes públicas de educação, a maior expressão da experiência veio do trabalho nas creches comunitárias e assistenciais. A obrigatoriedade só foi reconhecida em 2019 pela Lei n. 13.935.

As conquistas acumuladas se traduziram em novos marcos legais para a educação infantil e na proposta de novas metodologias de trabalho com a criança. Com relação ao marco legal, tivemos a reconfiguração do financiamento público, a garantia da expansão com o custo aluno-qualidade, a construção do debate crítico sobre currículo e o reconhecimento de que a educação infantil se realiza em espaços organizados, planejados e educacionais. As inovações metodológicas tiveram como eixo a centralidade da brincadeira, a concepção de criança como um sujeito social que vive em condições culturais e históricas determinadas, e a concepção de educação infantil como uma modalidade de educação que se diferencia da escolarização tradicional.

A garantia da democracia e da justiça social está em luta permanente para que o Estado amplie o financiamento público para a educação em geral e a infantil em particular, permitindo o acesso universal de qualidade. Entretanto, conforme os últimos censos escolares revelam, há ainda uma grande defasagem na elevação dos investimentos, apesar de alguns avanços na educação infantil.

Na Portaria n. 1.081, de 29 de dezembro de 2020, publicada no *Diário Oficial da União*, os dados das matrículas da rede pública infantil revelam uma lenta diminuição da média de alunos por turma na educação infantil, o que compromete a qualidade do atendimento. Considerando todas as unidades públicas de educação infantil do Brasil, incluindo escolas unificadas, em 2007 tínhamos uma média de 18,1 alunos e, em 2020, passamos para 15,8. Se olharmos para o segmento creche, observamos 15,5 (2007) e 13,7 (2020). Na pré-escola, essa média decresceu de 19,1 (2007) para 17,7 (2020). A luta pela diminuição da média de alunos por turma reflete a luta por mais investimentos e melhoria na qualidade do atendimento.

Em 2021, houve a aprovação da PEC 15/2015, que instaurou o novo Fundeb, aprovado integralmente pelo Congresso Nacional após intensa mobilização da sociedade civil, mesmo em tempos da crise de mobilização provocada pela disseminação da covid-19 e pela instauração do governo autoritário de Bolsonaro. O grande avanço, resultado das lutas dos segmentos organizados da educação, foi que agora o Fundeb é permanente, garantindo a destinação de recursos à educação básica brasileira. A garantia de financiamento público permanente permite planejar a associação entre o aumento do financiamento e a melhoria da qualidade do gasto público, incidindo principalmente no atendimento às metas definidas no Plano Nacional de Educação (PNE). Na educação infantil, o financiamento do Fundeb permite superar a tradição histórica de se oferecer piores condições de atendimento aos que vivem em condições de desigualdade social. O financiamento público deve garantir acesso e gestão democráticos, materiais e espaços adequados à faixa etária da educação infantil, professores com formação e a diminuição média dos alunos por turma.

Garantir essas conquistas e organizar uma sólida base de trabalho nas creches, com famílias e parcerias nos territórios, constituem os desafios do Serviço Social, que, na conjuntura do golpe instaurado no Brasil em 2016, precisa lutar para evitar que retrocessos apontados no horizonte desse contexto político afetem os avanços até aqui alcançados.

Apesar de todos os avanços legais, continuamos com uma enorme defasagem na cobertura educacional para a criança pequena, na faixa de zero a seis anos. Além disso, ao se conferir à infância um lugar de destaque na cobertura dos direitos, é preciso potencializar ações intersetoriais de políticas que dialoguem entre si, numa dimensão de superação das desigualdades. A constituição dessas alianças deve ser orientada pelo reconhecimento dos processos econômicos políticos e sociais que as atravessam e que se manifestam em determinadas práticas sociais, nas quais se inserem os projetos de trabalho do assistente social.

O recente reconhecimento da presença dos profissionais de Serviço Social e Psicologia na educação básica abre possibilidades de aprofundamento das discussões teóricas e de entrelaçamento de pesquisas em diversas áreas correlatas: trabalho infantil, gênero, raça, sexualidade, violência, direitos da criança nas creches, políticas públicas, movimentos sociais, família, entre outras. O deslocamento da educação infantil da assistência para a educação guarda relação com a necessidade de aprofundamento das relações históricas entre essas duas importantes áreas, a fim de enfrentar os desafios que se tornam cada vez mais presentes.

Referências

ANUÁRIO ESTATÍSTICO. Rio de Janeiro: IBGE, 1996.

AQUINO, L. M. R.; VASCONCELLOS, V. M. R. de. Orientação curricular para a educação infantil: referencial curricular nacional e diretrizes curriculares nacionais. *In*: VASCONCELLOS, V. M. R. de (org.). *Educação da infância*: história e política. Rio de Janeiro: DP&A, 2005.

BASTOS, C. *Revista Serviço Social*, São Paulo, n. 2, 1938.

BITTENCOURT, M. Tavares. *A infância nos recolhimentos da Santa Casa da Misericórdia do Rio de Janeiro*. 1991. Dissertação (Mestrado) — Universidade Federal Fluminense, Niterói, 1991.

BRASIL. *Lei n. 2.040, de 28 de setembro de 1871* — Lei do Ventre Livre. Rio de Janeiro, 1871.

BRASIL. Ministério da Educação e Cultura. Secretaria de Educação Fundamental. *Referencial curricular nacional para educação infantil*. Brasília: MEC/SEF, 1998.

CAMPOS, M. M.; ROSEMBERG, F. *In*: BRASIL. Ministério da Educação e Cultura. Secretaria de Educação Fundamental. Coordenadoria de Educação Infantil. *Critérios para um atendimento em creches que respeite os direitos fundamentais das crianças*. Brasília: MEC/SEF/COEDI, 1994.

CIVILETTI, M. V. P. *A Creche e o Nascimento da Nova Maternidade*. 1988. Dissertação (Mestrado) — Fundação Getulio Vargas, Rio de Janeiro, 1988. Disponível em: http://hdl.handle.net/10438/8923. Acesso em: 14 mar. 2023.

CIVILETTI, M. V. P. O cuidado às crianças pequenas no Brasil escravista. *Cadernos de Pesquisa*, São Paulo, v. 76, n. 1, p. 31-40, fev. 1991.

COIMBRA, C. M. B. *Discursos sobre segurança pública e produção de subjetividades*: a violência urbana e alguns de seus efeitos. 1998. Tese (Pós-doutorado) — Núcleo de Estudos sobre a Violência, Universidade de São Paulo, São Paulo, 1998.

COLINVAUX, D. (org.). *Cadernos creche UFF*: textos de formação e prática. Niterói: Eduff, 2011. v. 7. (Série Didáticos).

CONCEIÇÃO, C. M. C. A Legião Brasileira de Assistência e o atendimento à infância no Brasil: o Projeto Nacional de Creches Casulo. *In: Atos de Pesquisa em Educação*, v. 14, n. 2, supl. 1, p. 670-692, out./nov. 2019. Disponível em: https://bu.furb.br/ojs/index.php/atosdepesquisa/article/view/7093. Acesso em: 22 mar. 2023.

FALCÃO, M. C.; SPOSATI, A. *LBA*: identidade e efetividade das ações no enfrentamento da pobreza brasileira. São Paulo: Educ, 1989.

FERREIRA, O. C. Problemas da assistência aos menores em São Paulo. *Revista Serviço Social*, São Paulo, n. 34, p. 28-72, 1944.

FIGUEIREDO, G. *Creche*. 2. ed. Rio de Janeiro: Ministério da Educação e Saúde; Departamento Nacional da Criança, 1946. p. 7-19. (Coleção DNCr).

FRANCO, M. C. Lidando pobremente com a pobreza: análise de uma tendência no atendimento a crianças "carentes" de 0 a 6 anos de idade. *Caderno de Pesquisa*, São Paulo: Fundação Carlos Chagas, n. 51, 1984.

FREYRE, G. *Casa-grande & senzala*. Rio de Janeiro: José Olympio, 1978.

GOMES, A. M. de C. *Burguesia e trabalho*: política e legislação social 1917-1937. Rio de Janeiro: Campus, 1979.

GOHN, M. G. *Educação infantil*: aspectos da legislação. Campinas: Departamento de Criança ao Projeto Jorge Haje, 1990. Mimeo.

GOHN, M. G. A construção da cidadania coletiva no Brasil. *In*: REUNIÃO ANUAL DA ANPOCS, 18., 1994, Caxambu. *Anais* [...]. Caxambu, 1994. Mimeo.

IBGE. *Indicadores sobre crianças e adolescentes 1991/1996*. Rio de Janeiro: IBGE, 1991/1996.

KISHIMOTO, T. M. *A pré-escola em São Paulo* (1877 a 1940). São Paulo: Loyola, 1988.

KRAMER, S. *A política do pré-escolar no Brasil*: a arte do disfarce. Rio de Janeiro: Achimé, 1984.

KUHLMANN, M. *Infância e educação infantil*. Porto Alegre: Mediação, 2004.

LIMA, L.; VENÂNCIO, R. O abandono de crianças negras no Rio de Janeiro. *In*: PRIORE, Mary Del (org.). *História da criança no Brasil*. 4. ed. São Paulo: Contexto, 1996. p. 61-97.

LIMA, L.; VENÂNCIO, R. Alforria das crianças escravas no Rio de Janeiro no século XIX. *Revista Resgate*, Campinas, v. 2, p. 16-34, jan./jun. 1991. Disponível em: https://periodicos.sbu.unicamp.br/ojs/index.php/resgate/article/view/8645465. Acesso em: 25 set. 2021.

MAIO, M. C.; LOPES, T. C. *Puericultura, eugenia e interpretações do Brasil na construção do Departamento Nacional da Criança (1940)*. 2018. Disponível em: https://doi.org/10.1590/TEM-1980-542X2018v240209. Acesso em: 16 fev. 2023.

MAIO PINTO, M. V. *Escola de Serviço Social do Instituto Social de Fortaleza*. [*S. l.: s. n.*], 1958.

MANCINI, G. T. As creches como auxiliares das famílias. *Revista Serviço Social*, São Paulo, n. 34, p. 84-109, 1944.

MARSHALL, T. H. *Cidadania, classe social e status*. Rio de Janeiro: Zahar, 1967.

MPAS/SAS/UNICEF. *Proposta para o atendimento de 0 a 6 anos* (Mimeo).

MOTT, L. A criança escrava na literatura de viagens. *Cadernos de Pesquisa*, São Paulo, n. 31, p. 57-68, 1979.

NASCIMENTO, A. C. do. *A sorte dos enjeitados*: o combate ao infanticídio e a institucionalização da assistência às crianças abandonadas no Recife

(1789-1832). 2006. Tese (Doutorado em História) — Centro de Filosofia e Ciências Humanas, Universidade Federal de Pernambuco, Recife, 2006.

NUNES, D. G. *Da roda à creche: proteção e reconhecimento social da infância de 0 a 6 anos*. 2000. Tese (Doutorado) — Faculdade de Educação, Universidade Federal do Rio de Janeiro, Rio de Janeiro, 2000.

NUNES, D. G. As novas formas de gestão da educação infantil no âmbito dos sistemas municipais de ensino. *Cadernos do CES*, Niterói, v. 13, p. 75-88, 2003.

NUNES, D. G. Alguns apontamentos sobre a constituição dos sistemas municipais de ensino. *Revista Pátio*, on-line, 2004.

NUNES, D. G. Integração ou apartação? O acesso à educação infantil no contexto dos sistemas municipais de ensino. *Katálysis*, Florianópolis, v. 8, n. 1, p. 78-85, 2005.

NUNES, D. G. Educação infantil e cultura política: um estudo sobre o Movimento Interfóruns de Educação Infantil Brasileiro — Mieib. *In*: SEMINARIO LATINOAMERICANO DE ESCUELAS DE TRABAJO SOCIAL: EL TRABAJO SOCIAL EN LA COYUNTURA LATINOAMERICANA: DESAFÍOS PARA SUA FORMACIÓN, ARTICULACIÓN Y ACCIÓN PROFESIONAL, 19., 2009, Guayaquil. *Anais* [...]. Guayaquil, 4-8 out. 2009.

NUNES, D. G. Relação entre a creche UFF e a família como campo de diálogo e participação. *In*: COLINVAUX, D. (org.). *Cadernos Creche UFF*: textos de formação e prática. Niterói: Eduff, 2011. v. 7. (Série Didáticos).

PESQUISA NACIONAL POR AMOSTRA DE DOMICÍLIOS — 1996. *Síntese de indicadores*. Rio de Janeiro: IBGE, 1997.

PINTO, M. V. *Valor pedagógico do Serviço Social na educação do pequeno escolar*. 1958. Trabalho de Conclusão de Curso (Bacharelado em Serviço Social) — Instituto Social de Fortaleza, Fortaleza, 1958.

PROAPE. Proposta: MPAS/SAS/UNICEF (Mimeo).

ROCHA-COUTINHO, M. L. *Tecendo por trás dos panos*: a mulher brasileira nas relações familiares. Rio de Janeiro: Rocco, 1994.

ROMANO, R. *Brasil*: Igreja contra Estado (crítica ao populismo católico). São Paulo: Kairós, 1979.

SILVA, H. M. *O Serviço Social em uma creche pré-primária*. 1949. Trabalho de Conclusão de Curso (Bacharelado em Serviço Social) — Universidade Federal Fluminense, Niterói, 1949.

SILVEIRA, M. L. S. *De pobre a trabalhador* — uma reflexão sobre o sujeito no Serviço Social. Rio de Janeiro: OR Produtor Editorial Independente, 2000.

SOUZA, Y. C. de. *Crianças negras*: deixei meu coração embaixo da carteira. Porto Alegre: Mediação, 2002.

TELLES, G. *Revista Serviço Social*, São Paulo, 1938. Acervo do Centro Brasileiro de Intercâmbio em Serviço Social CBCISS – Rio de Janeiro.

TELLES, G. *Revista Serviço Social*, São Paulo, 1939. Acervo do Centro Brasileiro de Intercâmbio em Serviço Social CBCISS – Rio de Janeiro.

VASCONCELOS, J. F.; SAMPAIO, S. *Problemas médicos sociais da infância*. Rio de Janeiro: Odeon, 1939.

VALLADARES, L. P.; ALVIM, M. R. B. Infância e sociedade no Brasil. *Boletim Informativo Bibliográfico — ANPOCS*, Rio de Janeiro, n. 26, p. 3-37, 1988.

VENÂNCIO, R. P. *Infância sem destino*: o abandono de crianças no Rio de Janeiro no século XVIII. 1888. Dissertação (Mestrado) — Universidade de São Paulo, São Paulo, 1988.

VIEIRA, L. M. F. *Creches no Brasil*: do mal necessário a lugar de compensar carências; rumo à construção de um projeto educacional. 1986. Dissertação (Mestrado) — Faculdade de Educação, Universidade Federal de Minas Gerais, Belo Horizonte, 1986.

VIEIRA, L. M. F. Mal necessário: creches no Departamento Nacional da Criança (1940-1970). *Cadernos de Pesquisa*, São Paulo, n. 67, p. 3-16, nov. 1988.

VIGOTSKI, L. S. *A formação social da mente*. São Paulo: Martins Fontes, 1994.

GRÁFICA PAYM
Tel. [11] 4392-3344
paym@graficapaym.com.br